让编程更简单

Make programming easier

和外星人一起学

明日科技

www.mingrisoft.com

让编程更简单

Make programming easier

和外星人一起学

明日科技

www.mingrisoft.com

明日外星人
参考·应用

Python 模块参考手册·系统与控制

全彩版

明日科技·编著

吉林大学出版社

内容简介

本书全面、系统地介绍了使用Python对系统进行操作与控制的os与sys两大模块。全书分为两部分共12章，其中，第一部分为os模块（系统操作），主要包括系统及硬件相关、获取环境变量、进程操作、其他系统相关操作等内容；第二部分为sys模块（系统相关），主要包括标准输入流与输出流、获取Python解释器相关信息、Windows系统相关、虚拟环境与路径、获取系统编码信息、线程与递归、程序异常相关、其他sys模块属性及方法等内容。本书以模块应用为主线，通过大量的快学快用，帮助读者透彻理解os模块和sys模块的属性、方法及其应用。

本书附有配套资源包及数字书。资源包提供了书中所有快学快用的源代码和关键代码段，且所有源代码都经过精心调试，在Windows 7\Windows 10系统中测试通过，保证能够正常运行。

本书是各级Python程序开发人员必备的参考书，也非常适合大中专院校师生学习参考。此外，登录明日学院网站（www.mingrisoft.com）还可以获得更多学习资源和技术支持。

图书在版编目（CIP）数据

Python 模块参考手册· 系统与控制 / 明日科技编著 . --
长春 : 吉林大学出版社 , 2020.4
ISBN 978-7-5692-6297-1

Ⅰ . ① P… Ⅱ . ①明… Ⅲ . ①软件工具－程序设计
Ⅳ . ① TP311.561

中国版本图书馆 CIP 数据核字 (2020) 第 058140 号

书　　名：Python 模块参考手册·系统与控制
Python MOKUAI CANKAO SHOUCE·XITONG YU KONGZHI

作　　者：明日科技 编著
策划编辑：殷丽爽　　责任编辑：殷丽爽
责任校对：张宏亮　　装帧设计：明日科技
出版发行：吉林大学出版社
社　　址：长春市人民大街 4059 号　　邮政编码：130021
发行电话：0431-89580026/28/29
网　　址：http://www.jlup.com.cn　　电子邮箱：jdcbs@jlu.edu.cn
印　　刷：长春天行健印刷有限公司
开　　本：850mm×1100mm　1/16　　印　　张：13
字　　数：200 千字　　版　　次：2020 年 4 月第 1 版
书　　号：ISBN 978-7-5692-6297-1　　印　　次：2020 年 4 月第 1 次
定　　价：69.00 元

前　言

Python 是一种可以跨平台的、开源的、免费的、解释型编程语言，因其语法简洁、开发效率高，使得它的应用范围非常广泛。Python 中内置了 os 模块和 sys 模块，用来对系统进行操作与控制，但由于这两个模块提供的属性和方法非常之多，开发者在编写 Python 程序时，想要全部记下来，费时费力！为了满足广大 Python 开发者的需求，本书提供了全部有关 os 模块和 sys 模块的类、属性及方法，知识点共计 111 个，快学快用 260 余个，可以方便读者随时查询参考，复制粘贴即可使用，是您身边必备的参考工具书。

本书内容

全书分为两部分共 12 章，主要讲解了使用 Python 进行系统控制的各类知识，本书的知识结构如下图所示。

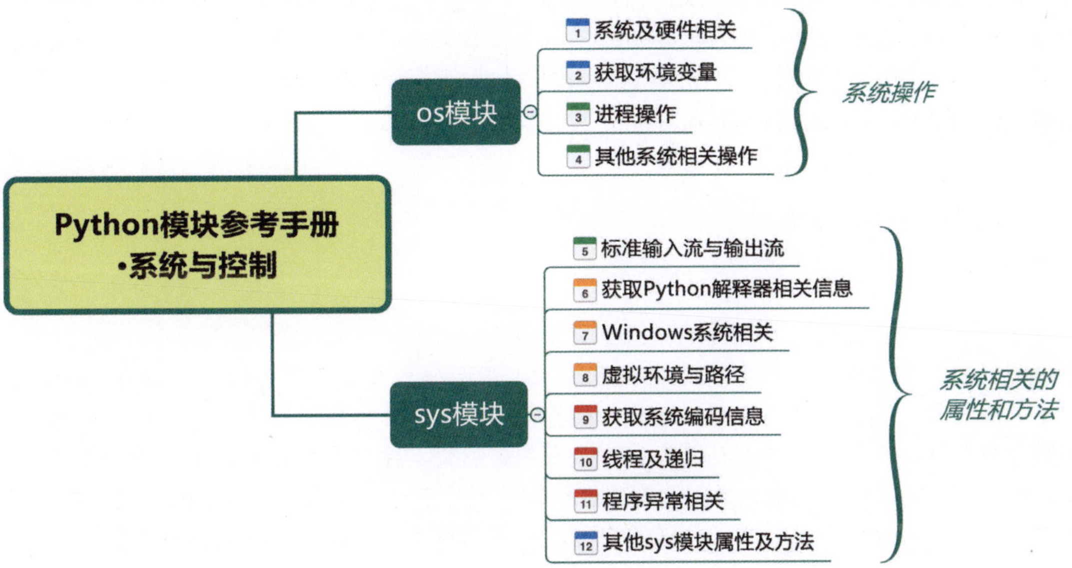

本书特色

» 系统全面、即查即用

本书从开发者实际应用入手，系统、全面地介绍了使用 Python 进行系统与控制开发需要掌握的模块、属性和方法，具有很强的参考价值。

» 快学快用、提升技能

本书针对具体的知识点，提供了大量从实际项目中筛选的快学快用。通过本书，读者不仅可以快速查询相关技术，还能掌握其实际应用的方法和技巧。

» 关键代码、提高效率

本书每个属性和方法都提供了“关键代码段”，并标出了代码在资源中的具体位置，读者可以直接将代码复制到自己的项目中修改使用，提高开发效率。

» 快用标签、快速使用

本书中的每个属性和方法都提供了“快用标签”“最常用”等实用栏目，使读者能够更加方便、快速地查找相应技术的应用场景，并根据自己的需求选择合适的使用方法。

读者对象

- 初、中、高等各级 Python 开发人员
- 需要进行查阅和参考资料的开发人员
- 大中专院校或相关培训机构的教师和学生

读者服务

为方便解决读者在学习本书过程中遇到的疑难问题及获取更多图书配套资源，我们在明日学院网站（www.mingrisoft.com）为您提供了社区服务和配套学习服务支持。此外，我们还提供了质量反馈信箱及售后服务电话等，如图书有质量问题，可以及时联系我们，我们将竭诚为您服务。

- 质量反馈邮箱：mingrisoft@mingrisoft.com
- 售后服务电话：400 675 1066
- 微信公众号：明日 IT 部落

致读者

本书由明日科技 Python 开发团队策划并组织编写，主要编写人员有王小科、申小琦、赵宁、李菁菁、张鑫、何平、周佳星、王国辉、冯春龙、李磊、高春艳、李再天、施伟、赛奎春、庞凤、谭畅、胡冬、梁英、刘媛媛、岳彩龙、张悦、牛秀丽、葛忠月、张颖鹤、迟爽、徐丹、李春林、宋万勇、王欢、卞昉、王萍、宋磊、依莹莹、张宝华、杨柳、杨丽、程瑞红、宋禹蒙、李颖、钟成浩、吕学丽、吴晶鑫、王艺瞳等。在编写本书的过程中，我们本着科学、严谨的态度，力求精益求精，但疏漏之处在所难免，敬请广大读者批评指正。

宝剑锋从磨砺出，梅花香自苦寒来。祝您读书快乐！

编 者

2020 年 4 月

如何使用本书

激活本书学习码

第一步：刮开封底的“在线学习码”（如图 1 所示），用手机扫描二维码（如图 2 所示），进入如图 3 所示的登录页面。如果您有明日学院会员账号可直接登录并进行激活，如果没有可单击图 3 所示的“立即注册”成为明日学院会员。

图 1　在线学习码

图 2　激活学习码网址及二维码

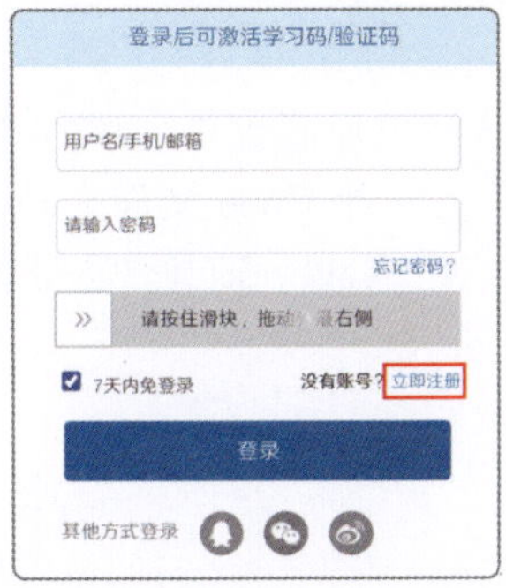

图 3　扫码后弹出的登录页面

第二步：登录后，进入如图 4 所示的激活页面，在“激活图书 VIP 会员”后输入封底的学习码，单击“立即激活”，成为本书的“图书 VIP 会员”，专享明日学院提供的有关本书的服务。

第三步：学习码激活成功后，还可以查看激活记录，如果需要下载本书的资源，请单击如图 5 所示的云盘资源地址，输入密码后即可完成下载。

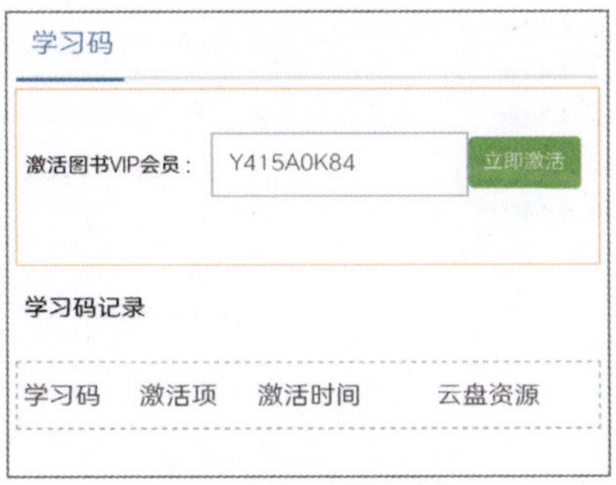

图 4 激活页面

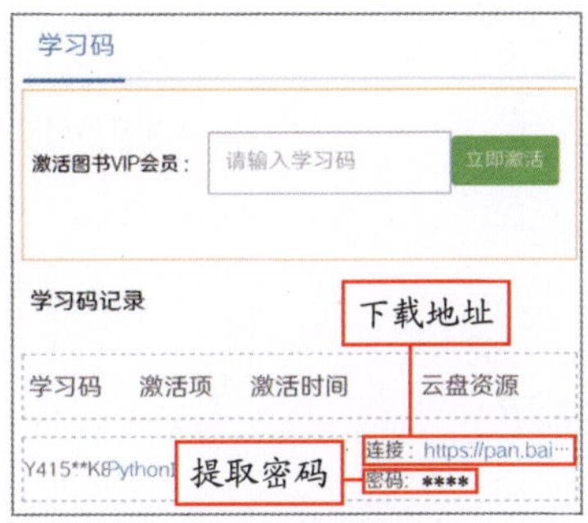

图 5 云盘资源

本书特别说明

➤ 为了让读者能够更快地使用“关键代码段”，本书在每行代码的后面都标注了代码的出处，其中，【快】表示出自“快学快用”，“【快 1】”表示出自“快学快用 1”，“【快 2】”表示出自“快学快用 2”，依次类推。

关键代码段

```
print(sys.builtin_module_names)                 # 【快1】
def find_module(module):                        # 【快2】
    if module in sys.builtin_module_names:      # 判断是否是内置模块
```

➢ 对书中的重点部分进行了特殊的颜色标注，读者可以一目了然地了解核心内容。

> **快学快用 4　按照文件后缀名快速分类**
>
> 随着学习、工作的深入，电脑中的文件夹会越来越多，文件夹里铺满的各种文件让人眼花缭乱。如图 1.31 所示，D:\test\ 该文件夹中有表格、文档、图片、视频等多种类型文件，并且这些文件之间毫无关联。通过 move 命令可以将同类型的文件移动到指定文件夹中，这样就达到了分类效果。

本书源码使用方法

本书源码以资源包形式提供，读者在激活图书封底学习码后，即可下载本书资源包，对其进行解压，解压后的文件夹中有一个 Code 文件夹和一个 KeyCode 文件夹。其中，Code 文件夹存放的是本书所有“快学快用”的源码文件；KeyCode 文件夹存放的是本书所有节的关键代码段，其结构如下图所示：

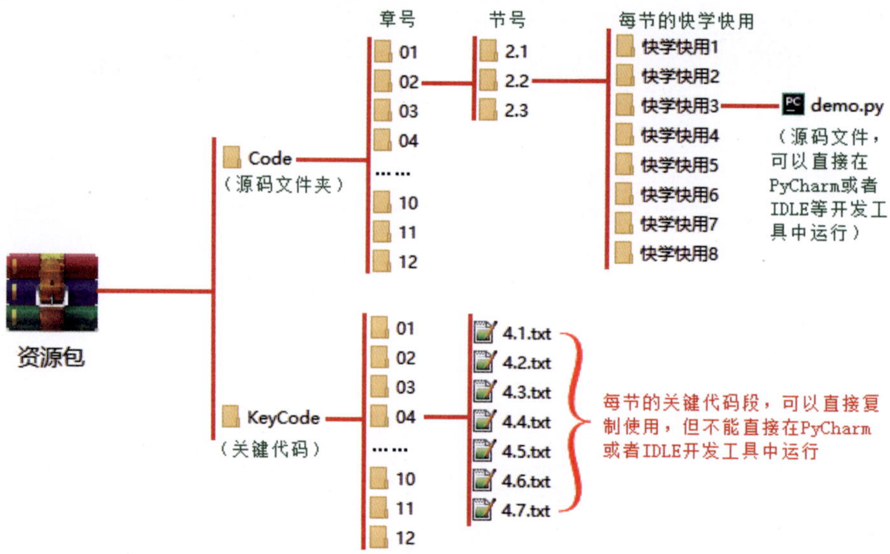

本书特别约定

推荐操作系统及环境		开发工具	
Windows 10	Python 3.x	PyCharm	IDLE

目录

01 os 模块——系统操作

02 sys 模块——系统相关的属性和方法

01

os模块——系统操作

os模块是Python内置的，与操作系统中的文件系统相关的模块，该模块依赖于操作系统。通常情况下，如不特别指出，该模块提供的方法、属性在Windows和UNIX上都是可用的。其中，UNIX系统包括Linux和Mac OS X。

第1章 系统及硬件相关

1.1 popen() 方法——执行系统命令

快用标签 os.popen() proxy.read() result.splitlines() os.chdir() os.open() str.join() str.split()

最常用 os.popen(cmd)，cmd 表示要执行的本地命令。

关键代码段

```
proxy = os.popen("dir /b D:\\test")          # 执行命令，返回通道的代理文件流【快1】
result = proxy.read()                          # 读取文件流中的内容
for line in result.splitlines():               # 将内容按行拆分
    print(str(line).strip())                   # 输出每一行的文本内容
if "系统启动时间" in line:                      # 如果包含“系统启动时间”字样【快3】
total_memory = datas[1].replace(",", "")       # 去掉第二个元素中的逗号，作为内存总量【快4】
available_memory = float(available_memory)     # 字符串转换为浮点型【快4】
hz_str = line.split("@")[1].strip()            # 用@分割出CPU的频率字符串【快5】
hz = hz_str[0:-3]                              # 删除字符串结尾的“GHz”三个字符
command = "ping " + url + " -n 1"              # 拼接命令【快6】
values = line.split()                          # 按照空白内容分割【快7】
proxy = os.popen("java -version")              # 检查Java环境版本【快9】
```

➔ 语法

os 模块的 popen() 方法用于执行字符串命令。语法格式如下：

```
proxy = os.popen(cmd, mode="r", buffering=-1)
```

参数说明：

❖ cmd： 字符串，用于指定要执行的本地命令。

❖ mode： 可选参数，表示通道执行读取还是写入，默认值为 r（读取），其他值表示写入。

❖ buffering： 可选参数，与 os.open() 方法的 buffering 参数相同，用于设置缓冲策略。

返回值说明：

❖ proxy： 本地命令创建的进程的代理，可以获取进程的输入 \ 输出流。

proxy 通过 read() 方法可以读取本地命令执行返回的文本结果，语法格式如下：

```
proxy = proxy.read()
```

结果 proxy 可以通过 splitlines() 将文本结果按行拆分，语法格式如下：

```
proxy.splitlines()
```

可以通过 for 循环遍历每一行文本，例如：

```
for line in result.splitlines():
```

➔ 应用

快学快用 1　获取 D 盘 test 文件夹中所有文件及文件夹名称

在 Windows 10 系统中，执行 dir 命令可以看到指定文件夹中的所有文件信息，/d 参数表示仅展示文件名或文件夹名称。

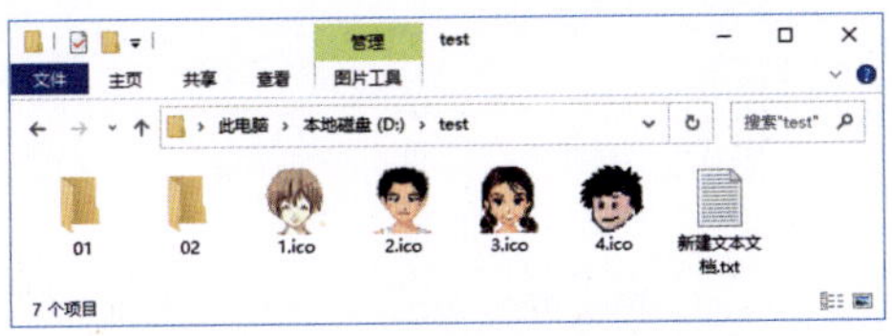

图 1.1　D:\test\ 文件夹中的文件

通过 dir 命令获取图 1.1 中的所有文件及文件夹名称，代码如下：

```
import os
proxy = os.popen("dir /b D:\\test")          # 执行命令，返回通道的代理文件流
result = proxy.read()                        # 读取文件流中的内容
for line in result.splitlines():             # 将内容按行拆分
    print(str(line).strip())                 # 输出每一行的文本内容
```

程序运行结果如下：

```
01
02
1.ico
2.ico
3.ico
4.ico
新建文本文档.txt
```

快学快用 2　获取计算机完整配置信息

在 Windows 10 系统中，执行 systeminfo 命令可以看到当前计算机的所有配置信息，代码如下：

```
import os
proxy = os.popen('systeminfo')               # 执行命令，返回通道的代理文件流
result = proxy.read()                        # 读取文件流中的内容
```

```
for line in result.splitlines():            # 将内容按行拆分
    print(str(line).strip())
```

程序运行结果如图 1.2 所示。

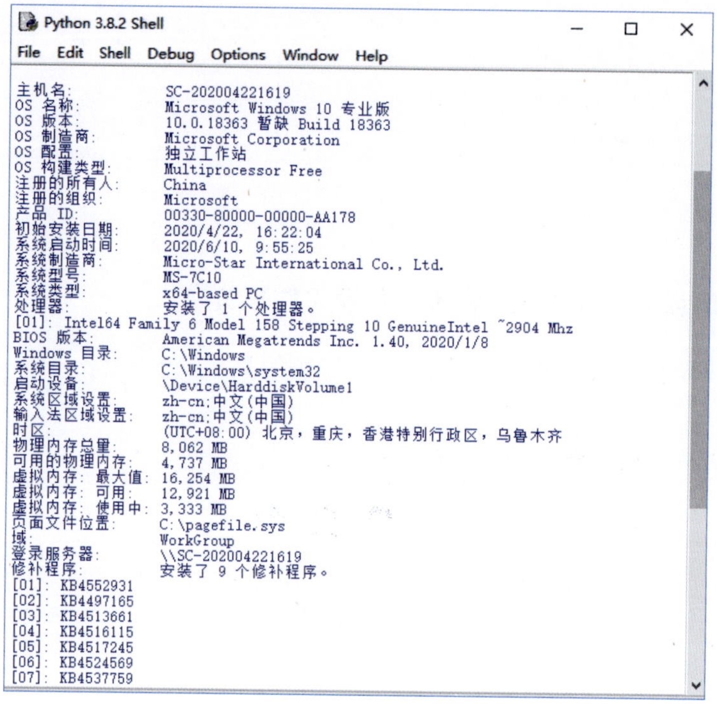

图 1.2 在 IDLE 中查询计算机配置信息

快学快用 3　获取计算机最近一次启动时间

在 systeminfo 命令的执行结果中可以看到一项“系统启动时间”数据，该数据为计算机最近一次启动的时间，开发者可以根据这个时间来判断计算机运行时长。获取计算机最近一次启动时间的代码如下：

```
import os
proxy = os.popen('systeminfo')              # 执行命令，返回通道的代理文件流
result = proxy.read()                       # 读取文件流中的内容
for line in result.splitlines():            # 将内容按行拆分
    line = str(line).strip()                # 行内容转为字符串，去掉首尾空白
    if "系统启动时间" in line:               # 如果包含“系统启动时间”字样
        print(line)                         # 打印启动时间
        break
```

程序运行结果如下：

```
系统启动时间:     2020/5/15, 8:35:22
```

说明： 此结果为运行代码的计算机启动时间，每个计算机执行的结果都各不相同。

快学快用 4　获取计算机内存使用率

在 systeminfo 命令的执行结果中还可以看到物理内存总量和可用物理内存两条数据。物理内存是

指计算机实际安装的内存硬件的总容量，要远大于分配给 Python 解释器的内存总量。通过查询物理内存总量和可用物理内存量，就可以监控当前计算机的内存使用状态，如果内存使用率超过 90% 则意味着计算机正处于超负荷状态。获取计算机内存使用率的代码如下：

```python
import os
proxy = os.popen('systeminfo')                        # 执行命令，返回通道的代理文件流
result = proxy.read()                                  # 读取文件流中的内容
for line in result.splitlines():                       # 将内容按行拆分
    line = str(line).strip()                           # 行内容转为字符串，去掉首尾空白
    if "物理内存总量" in line:                          # 如果包含“物理内存总量”字样
        print(line)                                    # 打印内存总量
        datas = line.split()                           # 按照空白内存分割
        total_memory = datas[1].replace(",", "")       # 去掉第二个元素中的逗号，作为内存总量
    elif "可用的物理内存" in line:                      # 如果包含“可用的物理内存”字样
        print(line)                                    # 打印可用内存
        datas = line.split()                           # 按照空白内存分割
# 去掉第二个元素中的逗号，作为已用内存
        available_memory = datas[1].replace(",", "")
        break
available_memory = float(available_memory)             # 字符串转换为浮点型
total_memory = float(total_memory)
used_memory = total_memory - available_memory          # 已用内存
percentage = used_memory / total_memory                # 内存利用率
print("内存使用率：" + str(int(percentage * 100)) + "%")
```

程序运行结果如下：

```
物理内存总量:      8,062 MB
可用的物理内存:    4,459 MB
内存使用率：44%
```

快学快用 5　检查计算机 CPU 性能是否过低

如果某软件对计算机 CPU 性能要求较高，在软件启动或安装时应检查系统 CPU 配置参数。通过 Windows 的 wmic 命令可以获取 CPU 参数值，结果如图 1.3 所示。

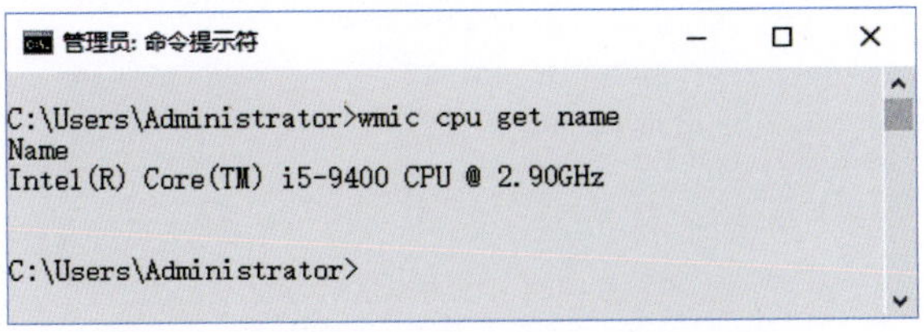

图 1.3 通过 wmic 命令查看 CPU 参数值

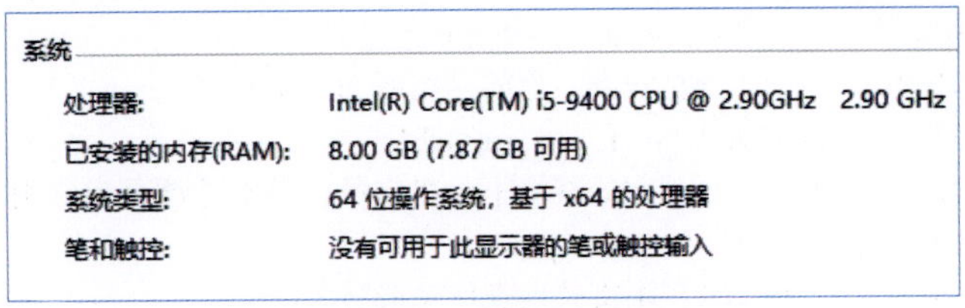

图 1.4 系统处理器型号截图

例如，某程序要求 CPU 的最低配置为 2.2GHz，用户的系统配置如图 1.4 所示，使用命令获取用户的 CPU 参数，然后判断该用户是否可以正常使用软件。代码如下：

```
import os
proxy = os.popen("wmic cpu get name")        # 执行命令，返回通道的代理文件流
result = proxy.read()                         # 读取文件流中的内容
if len(result) > 0:                           # 如果返回有内容的结果
    for line in result.splitlines():          # 将内容按行拆分
        line = str(line)                      # 行内容转为字符串
        if "GHz" in line:
            # 用@分割出CPU的频率字符串
            hz_str = line.split("@")[1].strip()
            hz = hz_str[0:-3]                 # 删除字符串结尾的“GHz”三个字符
            hz = float(hz)                    # 字符串转为浮点数
            if hz > 2.2:                      # 如果大于最低性能
                print("程序支持本计算机CPU。（频率：" + hz_str + "）")
            else:
                print("CPU频率过低，无法运行程序。（频率为" + hz_str + "）")
else:
    print("系统不兼容命令")
```

程序运行结果如下：

```
程序支持本计算机CPU。（频率：2.90GHz）
```

快学快用 6　检查计算机是否可以上网

很多人检查计算机是否可以上网的方式都是通过浏览器打开网页，这样的操作效率很低。Windows 系统提供的 ping 命令可以用来测试网络连接，如果无法访问指定 IP 或域名，则代表网络不通；如果请求超时则代表网速不稳定；只有在所有数据包都能够成功发送和接收的情况下，才代表网络畅通无阻。

使用 Python 代码执行一次 ping 命令，根据命令返回的结果分析电脑的网络状态，代码如下：

```
import os
url = "www.baidu.com"                        # 测试的连接
print("正在尝试连接 " + url + " ...")
command = "ping " + url + " -n 1"            # 拼接命令
proxy = os.popen(command)                    # 执行一次ping命令
result = str(proxy.read())                   # 读取文件流中的内容
if "Ping 请求找不到主机" in result:
    print("网络故障，请检查网络设备和DNS参数")
elif "丢失 = 0" in result:
    print("哇塞，你的网络畅通无阻！")
elif "丢失 = 1" in result:
    print("你的网络不太稳定哦，是不是该重启路由器了？")
else:
    print("不支持此操作系统")
```

程序运行结果如下：

```
正在尝试连接 www.baidu.com ...
哇塞，你的网络畅通无阻！
```

快学快用 7 通过读取注册表获得 IE 浏览器的主页地址

IE 浏览器是 Windows 系统自带的网页浏览器，该浏览器的主页保存在注册表中，位置如下：

```
HKEY_LOCAL_MACHINE\SOFTWARE\Microsoft\Internet Explorer\Main\Strat Page
```

在 Windows 系统自带的注册表编辑器中的位置如图 1.5 所示。

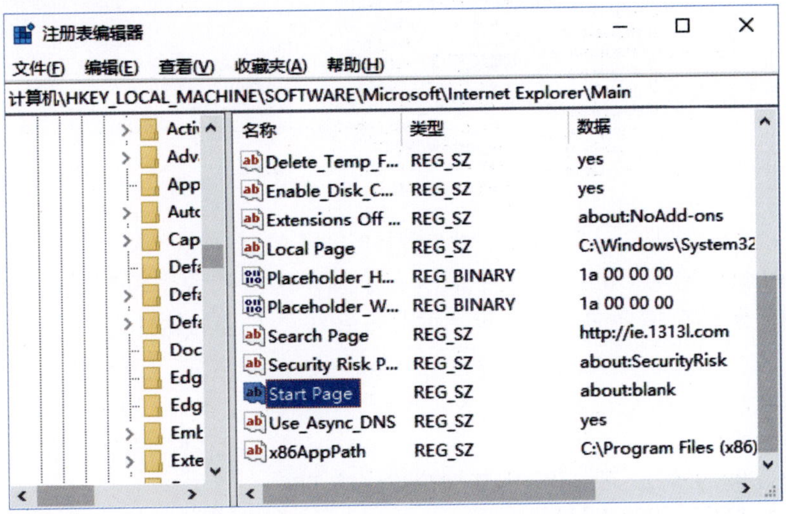

图 1.5 IE 浏览器在注册表中记录的首页字段

读取此注册表键的内容即可获取 IE 的主页地址，代码如下：

```
import os
# IE浏览器所在注册表位置
reg = "HKEY_LOCAL_MACHINE\\SOFTWARE\\Microsoft\\Internet Explorer\\Main"
value = "Start Page"                             # 读取的值
command = 'reg query "%s" /v "%s"' % (reg, value)  # 拼接字符串
proxy = os.popen(command)                        # 执行命令，返回通道的代理文件流
result = proxy.read()                            # 读取文件流中的内容
line = str(result.splitlines()[2])               # 将三行内容转为文本
values = line.split()                            # 按照空白内容分割
print("IE浏览器的默认主页为：" + values[-1])        # 打印最后一个元素值
```

程序运行结果如下：

```
IE浏览器的默认主页为：about:blank
```

说明： about:blank 为空白页，因为 Windows 系统自带防护功能，再加上杀毒软件的监控，用户无法通过命令直接修改注册表中的主页。

快学快用 8 获取计算机已安装软件名单

Windows 系统安装的所有软件都会在注册表中登记，Windows 10 注册表登记软件的位置如下：

```
HKEY_LOCAL_MACHINE\SOFTWARE\Microsoft\Windows\CurrentVersion\Uninstall
```

这个注册表项中的每一个子项都是一个独立的软件，每个子项中的 DisplayName 键保存值就是软件的全称，如图 1.6 所示。

图 1.6 软件在注册表中登记的位置及软件名称字段

通过 Python 代码循环遍历 Uninstall 项中的所有子项，然后读取出每一项的 DisplayName 键的值，将所有不是 None 的值保存在集合中，这个集合就是本系统已安装的软件名单了。代码如下：

```
import os
soft_name = set()                                          # 已安装软件名称集合
def read_reg(reg):                                         # 读取软件注册表，获取软件名
    command = 'reg query "%s" /v "DisplayName"' % reg
    proxy = os.popen(command)                              # 执行命令，返回通道的代理文件流
    result = proxy.read()                                  # 读取文件流中的内容
    lines = result.splitlines()                            # 将内容按行拆分，保存成对象
    for i in range(0, len(lines)):                         # 遍历行索引
        line = str(lines[i]).strip()                       # 将一个行内容转为字符串，去除两边空白
        if line == reg:                                    # 如果这一行内容与软件注册表项相同
            next_line = str(lines[i + 1]).strip()          # 获取下一行的文本内容
            values = next_line.split()                     # 按照空白内容分割
            name = " ".join(values[2:])                    # 将前两项以外的元素拼接成字符串
            return name                                    # 拼接出的字符串就是软件全名
# 软件安装列表注册表项
command = "reg query HKEY_LOCAL_MACHINE\\SOFTWARE\\Microsoft\\Windows\\CurrentVersion\\
Uninstall"
proxy = os.popen(command)                                  # 执行命令，返回通道的代理文件流
result = proxy.read()                                      # 读取文件流中的内容
for soft_reg in result.splitlines():                       # 将内容按行拆分
    if len(soft_reg) == 0:                                 # 如果这一行没有任何内容
        continue                                           # 跳过，读下一行
    soft_reg = str(soft_reg)                               # 转换为字符串
    name = read_reg(soft_reg)                              # 根据注册表项内容获取出软件的名称
    if name is not None:                                   # 如果能够读到有效内容
        soft_name.add(name)                                # 放到软件名称集合中
print("您电脑已安装的软件有：")
for name in soft_name:
    print(name)
```

将代码保存到 demo.py 文件中，通过 IDLE 执行此文件可看到如图 1.7 所示结果。

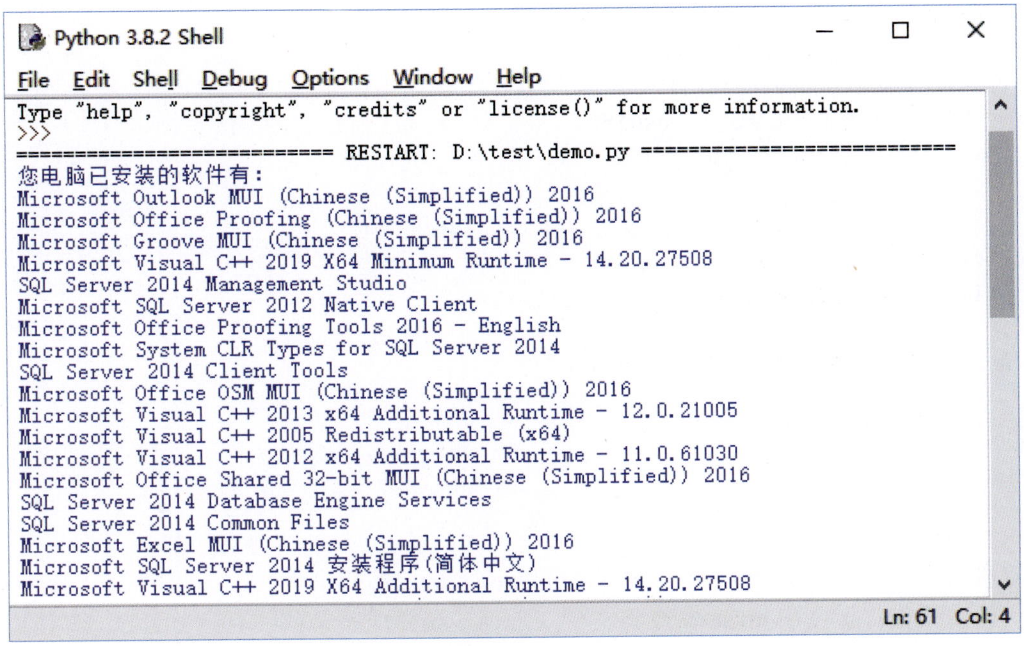

图 1.7　打印计算机中已安装的软件名单

快学快用 9　在 Python 程序中执行 Java 代码

每种语言都有独立的解释器或虚拟机，一种开发语言想要调用另一种开发语言的代码，通常都要通过执行本地命令来调用对方的解释器或虚拟机命令。Java 也是一种非常流行的开发语言，运行 Java 代码的虚拟机叫作 JVM。Python 可以通过调用 Java 运行环境提供的命令来运行 Java 程序。

说明： Java 环境的安装包叫作 JDK，Java 的运行环境叫作 JRE，JVM 是 JRE 的一部分。JRE 提供了 Java 运行环境的命令。

下面分别介绍几种运行 Java 代码的场景。

（1）检查是否具备 Java 运行环境

运行 Java 代码之前要先检查计算机是否安装了 Java 运行环境，这是运行 Java 代码的必要前提。正确安装 Java 运行环境之后，可以在命令提示符（CMD）中执行 java –version 命令查看 Java 运行环境的版本，执行结果如图 1.8 所示。如果计算机没有正确安装 Java 运行环境，则无法执行 java 命令，java –version 命令的执行结果就如图 1.9 所示。

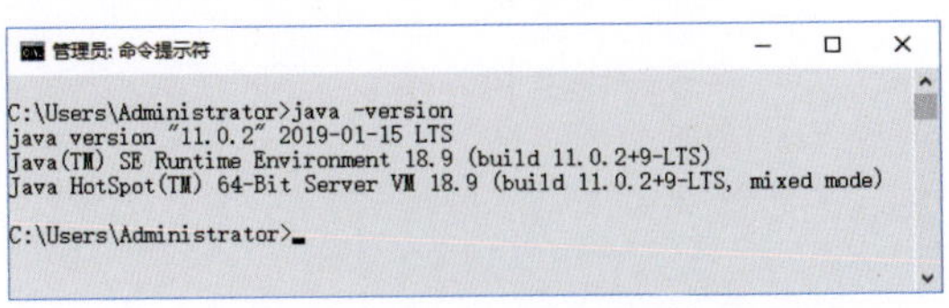

图 1.8　已安装 Java 运行环境的结果

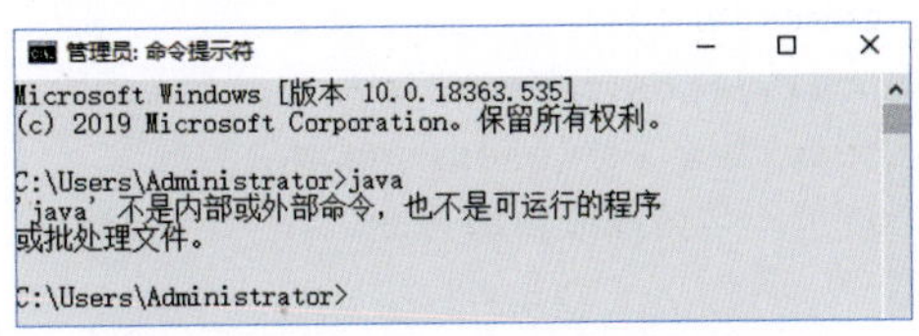

图 1.9　未安装 Java 运行环境的结果

Python 可以通过执行 java –version 命令的方式来检查计算机是否具备执行 Java 代码的条件，代码如下：

```python
import os
def checkJVM():
    proxy = os.popen("java -version")            # 检查Java环境版本
    result = str(proxy.read())                   # 读取命令结果
    if "不是内部或外部命令" in result:              # 如果命令无法执行
        return False
    else:
        return True
if checkJVM():
    print("可以执行Java程序")
else:
    print("未安装JRE环境，无法执行Java程序")
```

程序运行结果如下：

```
可以执行Java程序
```

（2）执行 Java 的源码文件

在计算机具备 Java 运行环境的前提下，就可以运行 Java 源码文件（.java 文件）。运行 Java 源码文件需要进行两步操作：①使用 javac 命令将文件（.java）编译成字节码文件（.class）。②使用 java 命令执行字节码文件。

例如，在 D:\test\ 文件夹下有一个名为 Demo.java 的 Java 文件，如图 1.10 所示。Demo.java 中的代码如图 1.11 所示。

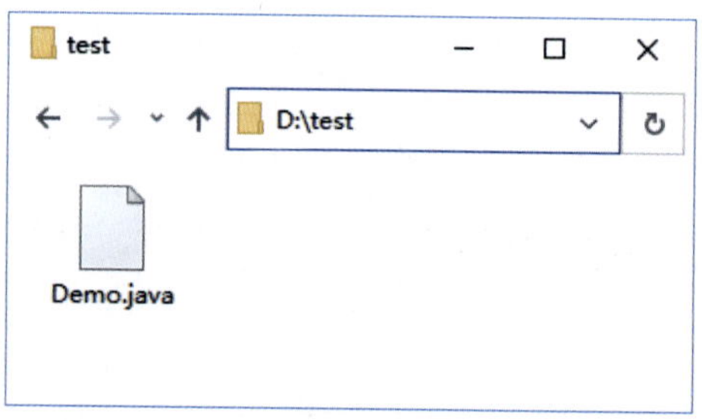

图 1.10 Java 的源码文件所在位置

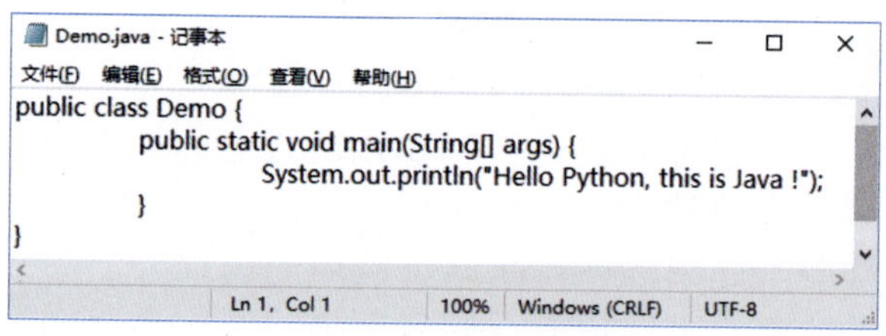

图 1.11 Java 文件中的源码

编写 Python 代码，首先调用 javac Demo.java 命令将源码文件编译成 Java 字节码文件，然后调用 java Demo 命令执行 Java 字节码文件，代码如下：

```python
import os
def checkJVM():
    proxy = os.popen("java -version")            # 检查Java环境版本
    result = str(proxy.read())                   # 读取命令结果
    if "不是内部或外部命令" in result:              # 如果命令无法执行
        return False
    else:
        return True
if checkJVM():
    os.chdir("D:\\test")                         # 进入Java文件所在的文件夹
```

```
        os.system("javac Demo.java")                      # 编译Java源码文件
        proxy = os.popen("java Demo")                     # 执行Java字节码
        result = proxy.read()                             # 读取执行结果
        print(result)                                     # 打印Java代码的执行结果
    else:
        print("未安装JRE环境，无法执行Java程序")
```

程序运行结果如下：

```
Hello Python, this is Java !
```

执行完这个程序之后，可以在 Java 源码文件旁边看到编译产生的字节码文件 Demo.class，如图 1.12 所示，Python 代码打印的就是 Demo.class 文件执行的结果。

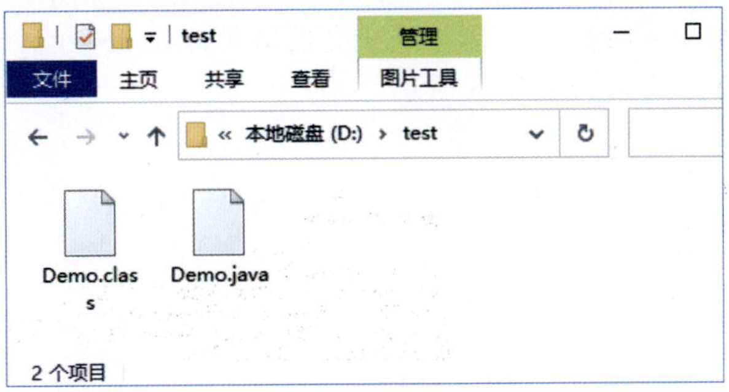

图 1.12 .java 文件旁出现了同名的 .class 文件

（3）执行字符串里的 Java 代码

如果要执行的 Java 代码并没有保存在一个文件中，而是以字符串的形式保存，那么可以先将代码字符串保存成 .java 文件，再对 .java 文件进行编译。代码如下：

```
import os
def checkJVM():                                           # 检查是否安装Java运行环境
    proxy = os.popen("java -version")                     # 检查Java环境版本
    result = str(proxy.read())                            # 读取命令结果
    if "不是内部或外部命令" in result:                    # 如果命令无法执行
        return False
    else:
        return True
def run_java_code(java_code):                             # 执行Java代码
    if checkJVM():                                        # 如果已安装Java运行环境
        with open("Demo.java", "w") as code_file:         # 在同级目录打开一个文件
            code_file.write(java_code)                    # 写入Java代码
        os.system("javac Demo.java")                      # 编译Java代码
        proxy = os.popen("java Demo")                     # 执行Java代码
        result = proxy.read()                             # 读取执行结果
        print(result)
    else:
        print("未安装JRE环境，无法执行Java程序")
```

```
java_code = """
public class Demo {
    public static void main(String[] args) {
        System.out.println("Hello Python, this is Java !");
    }
}
"""
run_java_code(java_code)                          # 运行Java代码
```

程序运行结果如下：

```
Hello Python, this is Java !
```

如果将上面的代码保存在 D:\test\demo.py 文件中，位置如图 1.13 所示。然后在命令提示符中运行此 Python 源码文件，效果如图 1.14 所示。运行完成之后就可以在 demo.py 文件旁看到自动生成的 Java 源码文件和 Java 字节码文件，效果如图 1.15 所示。

图 1.13 Python 源码文件所在位置

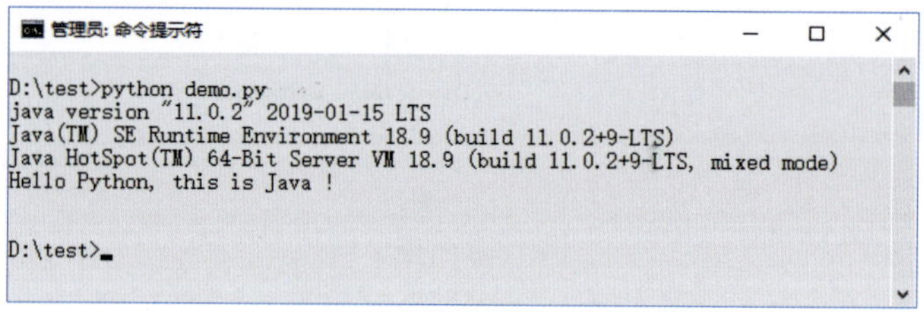

图 1.14 执行 D:\test\ 文件夹下的 Python 代码

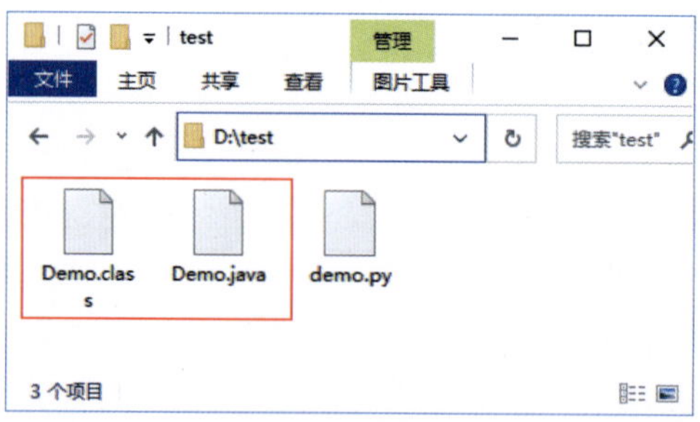

图 1.15 Python 源码文件旁出现 Java 的字节码文件和 Java 源码文件

1.2 system() 方法——执行本地命令（不读取结果）

快用标签 os.system() os.chdir() 关机 修改注册表 修改 IP 游戏分辨率 修改 DNS

最常用 os.system(command)，command 为要执行的本地命令字符串。

关键代码段

```
os.system("D:\\test\\变量.mp4")  # 打开视频文件【快2】
command = "net user %s %s /add" % (username, password) # 拼接命令【快3】
os.system("move *.txt ./文本文档/")# 将文件夹中所有.txt后缀的文件都移动到“文本文档”的文件夹中【快4】
os.system("shutdown -s")          # 执行关机命令【快7】
os.system("shutdown -a")          # 执行解除关机命令【快7】
os.sytem('pip install numpy')     # 安装模块【快13】
```

➔ 语法

os 模块的 system() 方法用于执行本地命令。语法格式如下：

```
num = os.system(command)
```

参数说明：

- ❖ command：字符串，表示要执行的本地命令。
- ❖ num：运行命令后系统返回的值。其中值为 0 表示成功；为 1 表示失败；为 2 表示错误。

➔ 应用

快学快用 1　打开 Windows 10 系统组件

Windows 系统的大多数组件都可以通过命令行打开，下面列举几个常用组件的打开效果。

（1）打开 Windows 10 系统虚拟键盘

使用 system() 方法执行 osk 命令即可打开虚拟键盘，代码如下：

```
import os
os.system("osk")
```

程序运行结果如图 1.16 所示。

图 1.16 弹出屏幕虚拟键盘

（2）打开画图程序

使用 system() 方法执行 mspaint 命令即可打开画图程序，代码如下：

```
import os
os.system("mspaint")
```

程序运行结果如图 1.17 所示。

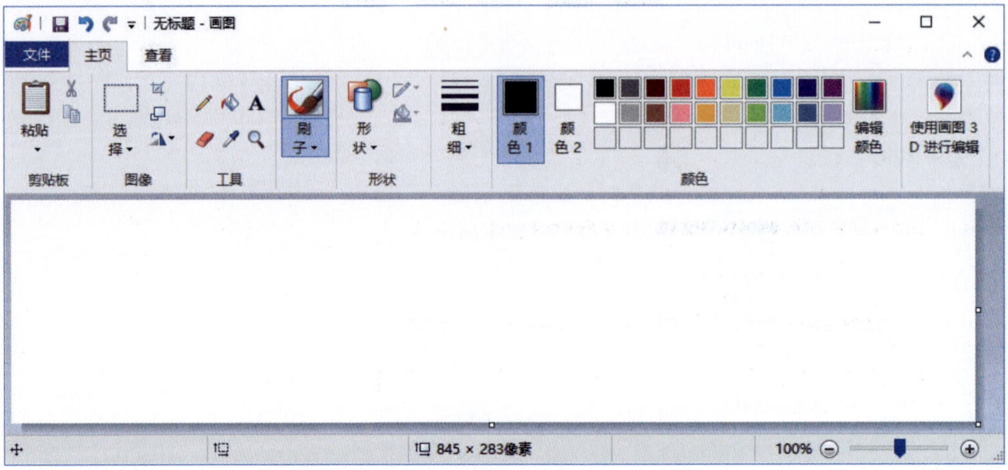

图 1.17 打开画图程序

（3）打开空记事本

使用 system() 方法执行 notepad 命令即可打开一个空的记事本，代码如下：

```
import os
os.system("notepad")
```

程序运行结果如图 1.18 所示。

（4）打开磁盘清理程序

使用 system() 方法执行 cleanmgr 命令即可打开磁盘清理程序，代码如下：

```
import os
os.system("cleanmgr")
```

程序运行结果如图 1.19 所示。

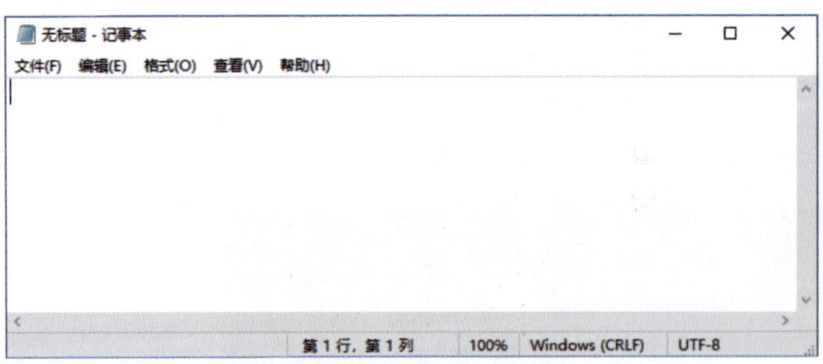

图 1.18 打开空记事本

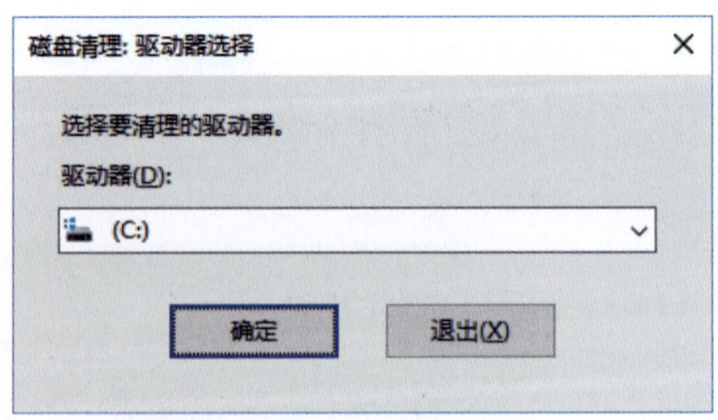

图 1.19 打开磁盘清理程序

（5）打开磁盘管理程序

使用 system() 方法执行 diskmgmt 命令即可打开磁盘管理程序，可以看到每一块硬盘的分区情况和使用状态，代码如下：

```
import os
os.system("diskmgmt")
```

程序运行结果如图 1.20 所示。

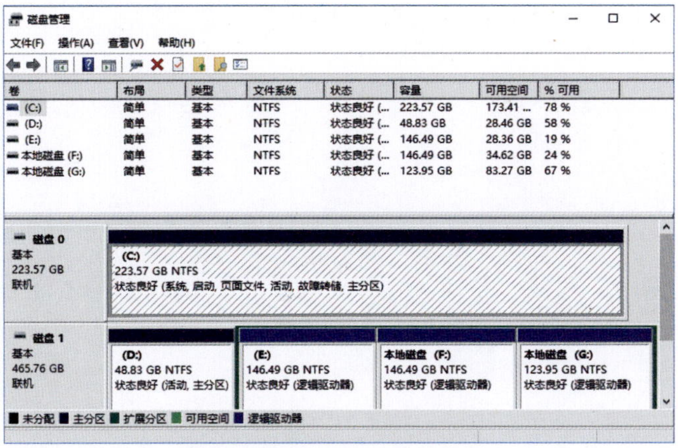

图 1.20　打开磁盘管理程序

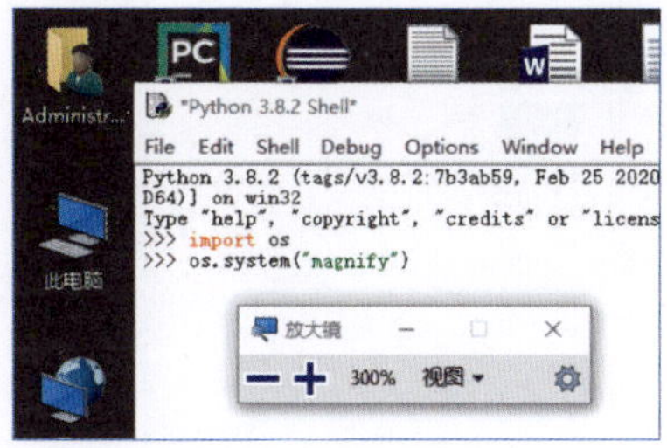

图 1.21　放大镜效果

（6）打开放大镜

使用 system() 方法执行 cleanmgr 命令即可打开放大镜程序，用户可以通过鼠标控制放大的区域，代码如下：

```
import os
os.system("magnify")
```

程序运行结果如图 1.21 所示。

（7）打开远程桌面

使用 system() 方法执行 mstsc 命令即可打开远程桌面连接程序，代码如下：

```
import os
os.system("mstsc")
```

程序运行结果如图 1.22 所示。

图 1.22　打开远程桌面连接窗体

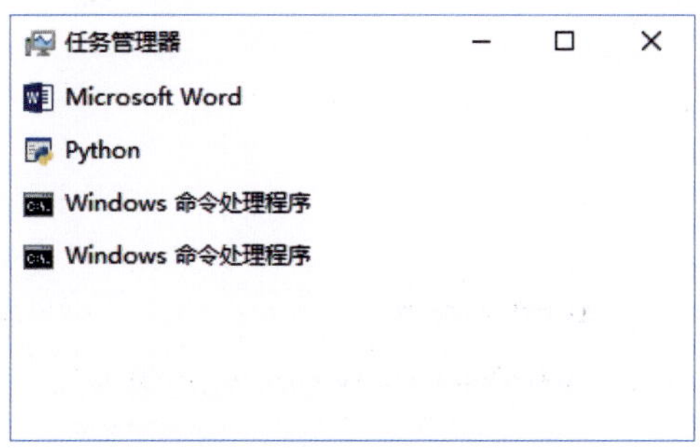

图 1.23　打开任务管理器

（8）打开任务管理器

使用 system() 方法执行 taskmgr 命令即可打开任务管理器，代码如下：

```
import os
os.system("taskmgr")
```

程序运行结果如图 1.23 所示。

（9）打开记事本

使用 system() 方法执行 write 命令即可打开一个空的记事本，代码如下：

```
import os
os.system("write")
```

程序运行结果如图 1.24 所示。

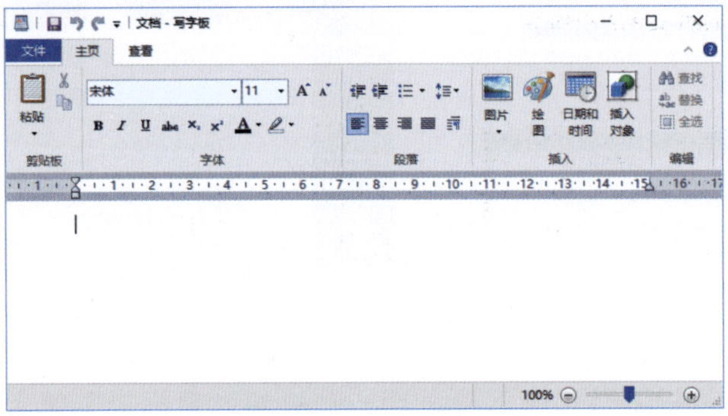

图 1.24 弹出空的记事本

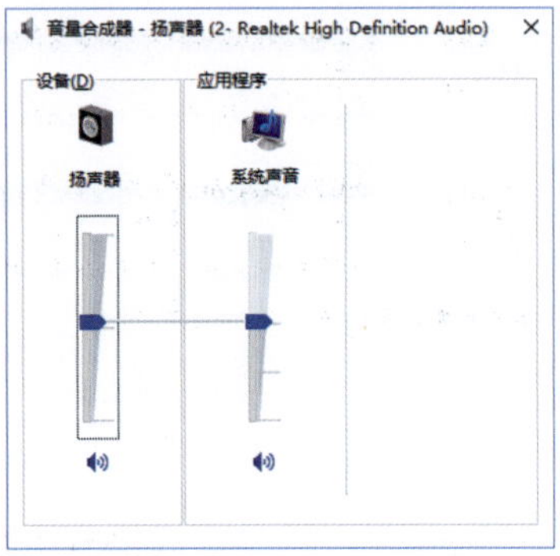

图 1.25 打开音量合成器

（10）打开系统音量合成器

使用 system() 方法执行 sndvol 命令即可打开系统音量合成器，代码如下：

```
import os
os.system("sndvol")
```

程序运行结果如图 1.25 所示。

快学快用 2　使用 Python 代码打开视频文件

system() 方法可以直接通过文件的完整名称打开文件。因为某些文件名称中可能包含空格，所以应该将文件名写在双引号中，如图 1.26 所示。

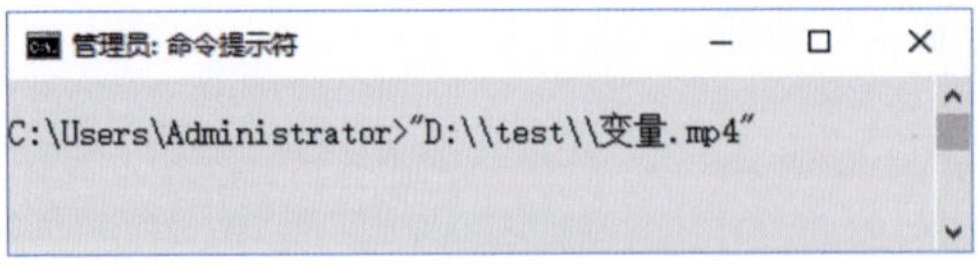

图 1.26 将文件完整名称写在双引号中

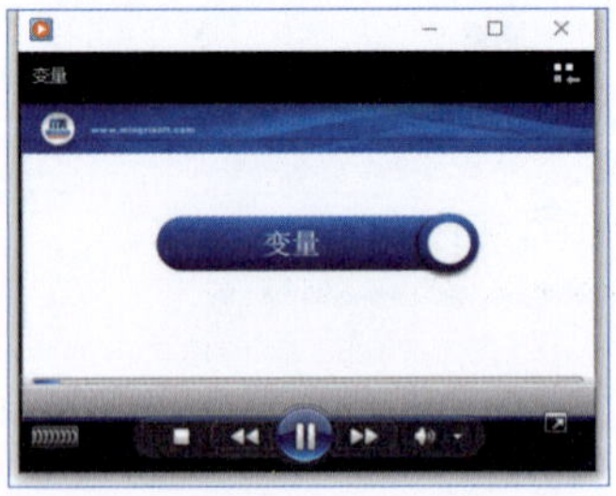

图 1.27 通过代码打开视频文件

例如，打开 D:\test\ 文件夹下的变量 .mp4 文件，代码如下：

```
import os
os.system("D:\\test\\变量.mp4")
```

程序运行结果如图 1.27 所示。

快学快用 3 使用 Python 代码管理 Windows 账户

在不创建新用户的情况下，Windows 系统的默认账户为 Administrator。用户可以通过 Windows 系统控制面板中的“用户账户”菜单来管理 Windows 账户。或者，用户也可以通过 net user 命令管理 Windows 用户。接下来将介绍如何让 Python 程序利用命令来管理 Windows 账户。

（1）添加新账户

添加新账户用到的命令语法如下：

```
net user 账户名 密码 /add
```

例如，创建一个账户名为 Python，密码为 123456 的新 Windows 账户，代码如下：

```python
import os
username = "Python"                                          # 账户名
password = "123456"                                          # 密码
command = "net user %s %s /add" % (username, password)       # 拼接命令
result = os.system(command)                                  # 执行命令
if result == 0:                                              # 如果命令执行成功
    print("创建新账户成功")
else:
    print("创建失败！")
```

程序运行结果如下：

```
创建新账户成功
```

程序运行完毕之后，依次打开“控制面板”→“用户账户”→“管理其他账户”，就可以看到如图 1.28 所示界面。里面除了系统原有的 Administrator 账户以外，又多出了一个 Python 账户。

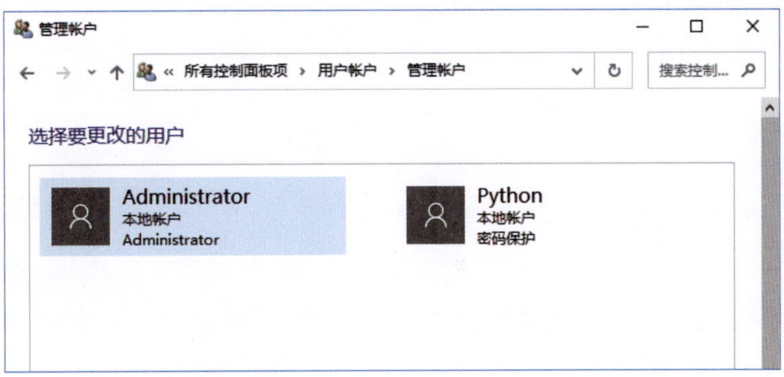

图 1.28 在“管理账户”界面中可以看到创建的新用户

（2）将普通用户权限设置成管理员权限

因为新添加的账户为普通用户权限，所以无法做一些敏感操作，例如修改系统参数。如果想让新账户获得全部系统功能，可以为其赋予管理员权限。为新账户赋予管理员权限的命令语法如下：

```
net localgroup administrators 账户名 /add
```

为上一个例子中创建的 Python 账户赋予管理员权限，代码如下：

```python
import os
username = "Python"                                                 # 账户名
command = "net localgroup administrators %s /add" % username       # 拼接命令
result = os.system(command)                                         # 执行命令
if result == 0:                                                     # 如果命令执行成功
    print(username + "已转为管理员")
else:
    print("更改账户类型失败")
```

程序运行结果如下：

```
Python已转为管理员
```

程序运行完毕之后，再次打开“管理其他账户”界面，就可以看到如图 1.29 所示，Python 账户的已获得了管理员权限。

图 1.29 Python 账户已获得管理员权限

（3）修改用户密码

注意：此操作为敏感操作，请您一定牢记修改之后的密码，慎重执行！

修改用户密码的命令与添加新用户的命令相同，只不过取消了 /add 参数，这样就会执行覆盖操作。

说明：这种无需输入旧密码就可以修改成新密码的机制也是 Windows 系统的缺点之一。

将 Python 账户的密码改为“abc”，代码如下：

```python
import os

username = "Python"                                         # 账户名
password = "abc"                                            # 密码
command = "net user %s %s" % (username, password)           # 拼接命令
result = os.system(command)                                 # 执行命令
if result == 0:                                             # 如果命令执行成功
    print("修改密码成功，请牢记您的密码！")
else:
    print("修改密码失败！")
```

程序运行结果如下：

```
修改密码成功，请牢记您的密码！
```

（4）删除用户

注意：此操作为敏感操作，可能会造成该账户下的数据丢失（例如桌面文件），请慎重执行！

删除账户命令的语法如下：

```
net user 账户名 /delete
```

删除之前创建的 Python 用户，代码如下：

```python
import os
username = "Python"                              # 账户名
command = "net user %s /delete" % username       # 拼接命令
result = os.system(command)                      # 执行命令
if result == 0:                                  # 如果命令执行成功
    print("账户" + username + "已删除！")
else:
    print("删除账户失败")
```

程序运行结果如下：

```
账户Python已删除！
```

程序运行完毕之后，再次打开“管理账户”界面，就可以看到如图 1.30 所示。此时，Python 账户已经被删除了。

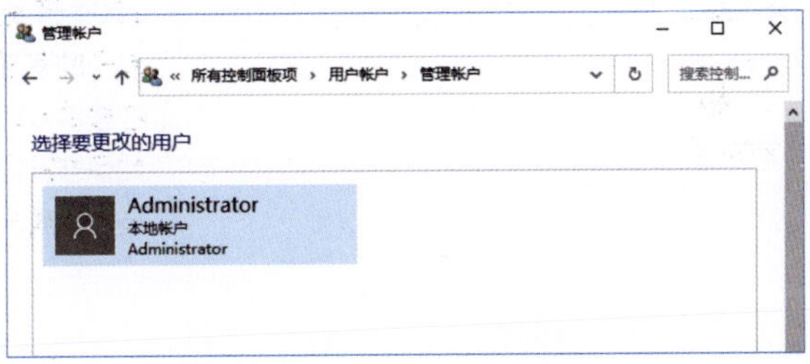

图 1.30 Python 账户已经被删除

快学快用 4 按照文件后缀名快速分类

随着学习、工作的深入，电脑中的文件夹会越来越多，文件夹里铺满的各种文件让人眼花缭乱。如图 1.31 所示，D:\test\ 该文件夹中有表格、文档、图片、视频等多种类型文件，并且这些文件之间毫无关联。通过 move 命令可以将同类型的文件移动到指定文件夹中，这样就达到了分类效果。

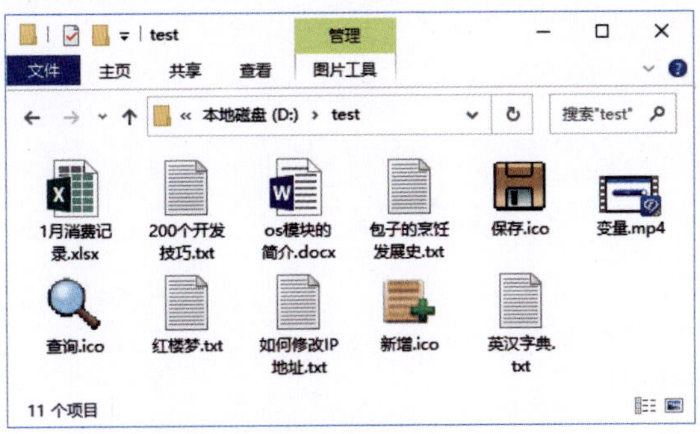

图 1.31 D:\test\ 文件夹中已有的文件

如果要把 D:\test\ 文件夹内所有 .txt 文件放到一个新建的文件夹中，首先使用 os.chdir() 方法进入到 D:\test\ 中，然后使用 mkdir 命令创建一个空文件夹，最后通过 move 命令将所有以 .txt 为后缀的文件移动到新建的文件夹中，代码如下：

```
import os
# 进入到目标文件夹
os.chdir("D:\\test\\")
# 创建名为“文本文档”的文件夹
os.system("mkdir 文本文档")
# 将目标文件夹中所有.txt后缀的文件都移动到“文本文档”的文件夹中
os.system("move *.txt ./文本文档/")
```

程序运行结果如图 1.32 和图 1.33 所示。

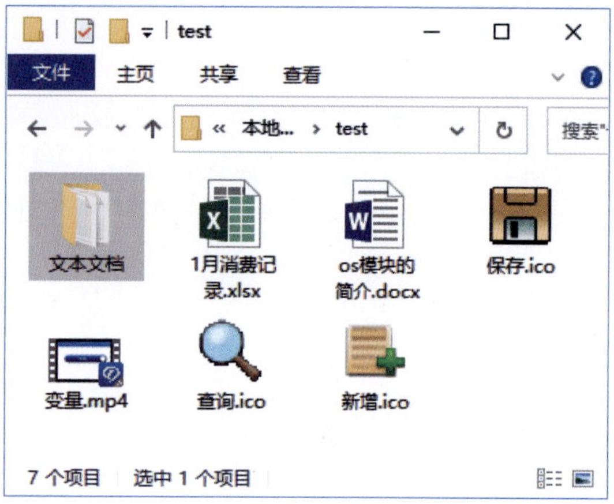

图 1.32 将所有 txt 文件移至“文本文档”文件夹

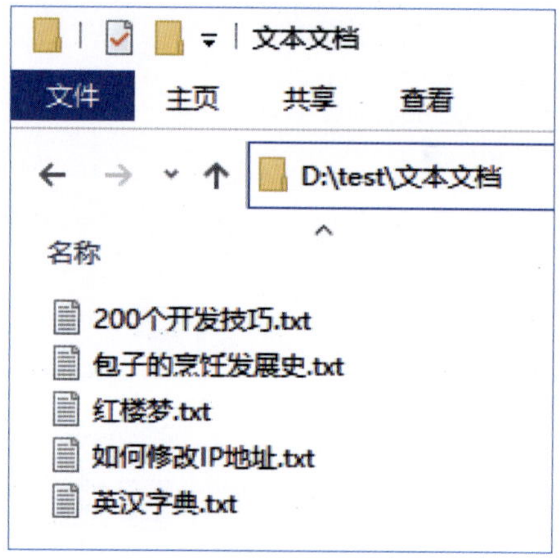

图 1.33 打开“文本文档”文件夹，所有 txt 文件都在其中

说明：桌面的默认路径为 C:\Users\Administrator\Desktop，可以通过修改上面例子中的文件夹路径达到整理桌面文件的效果。

快学快用 5　修改当前系统日期

通过 date 命令可以修改 Windows 系统的日期，其语法如下：

```
date yyyy/mm/dd
```

说明：yyyy/mm/dd 为 Windows 系统的默认日期格式，不同计算机的日期格式可能会有差别，可参照桌面右下角显示的日期格式。

例如，编写 Python 程序，将当前系统日期设为 2020 年 1 月 1 日，代码如下：

```
import os
date = "2020/01/01"                  # 指定日期
command = "date " + date             # 拼接命令
reslut = os.system(command)          # 执行命令
if reslut == 0:                      # 如果命令成功执行
    print("修改成功")
else:
    print("修改失败")
```

程序运行结果如下：

```
修改成功
```

程序运行前的系统日期如图 1.34 所示，程序运行后的系统日期如图 1.35 所示。

图 1.34　程序运行之前的日期

图 1.35　程序运行之后的日期

快学快用 6　修改当前系统时间

通过 time 命令可以修改 Windows 系统的日期，其语法如下：

```
time hh:mm:ss
```

说明： hh:mm:ss 为 Windows 系统的默认时间格式，不同计算机的时间格式可能会有差别，可参照桌面右下角显示的时间。

例如，编写 Python 程序，将当前系统时间设为午夜零点一刻，代码如下：

```python
import os
time = "00:15:00"                                    # 指定时间
command = "time " + time                              # 拼接命令
reslut = os.system(command)                           # 执行命令
if reslut == 0:                                       # 如果命令成功执行
    print("修改成功")
else:
    print("修改失败")
```

程序运行结果如下：

```
修改成功
```

程序运行前的系统时间如图 1.36 所示，程序运行后的系统时间如图 1.37 所示。

图 1.36　程序运行之前的日期

图 1.37　程序运行之后的日期

快学快用 7　使用 Python 代码关闭计算机

普通开发语言很难实现硬件层面的开、关机功能，但可以通过调用系统命令实现关机操作，Windows 系统提供的 shutdow -s 命令就可以实现关机操作。下面介绍如何在 Python 程序中调用此命令来关闭计算机。

（1）1 分钟后关闭计算机

shutdow -s 命令执行后会默认在一分钟后关机，使用 Python 程序实现的代码如下：

```python
import os
os.system("shutdown -s")                              # 执行关机命令
```

程序运行结果如图 1.38 所示。

图 1.38 系统关闭前弹出的提示

程序运行完毕之后，会弹出如图 1.38 所示的提示，警告用户电脑即将关闭，用户需要在一分钟之内完成数据保存工作。如果用户在一分钟之内主动关闭了计算机，计算机会自动删除正在倒计时的 shutdown 任务。

（2）指定时间后关闭计算机

开发者可以自己设定关机的倒计时时间，在 shutdow-s 命令之后添加 -t 参数，表示在多少秒之后执行关机操作。例如，在 1000 秒之后关机，代码如下：

```
import os
time = "1000"                                    # 关闭倒计时，单位为秒
os.system("shutdown -s -t %s" % time)            # 执行关机命令
```

程序运行结果如图 1.39 所示。

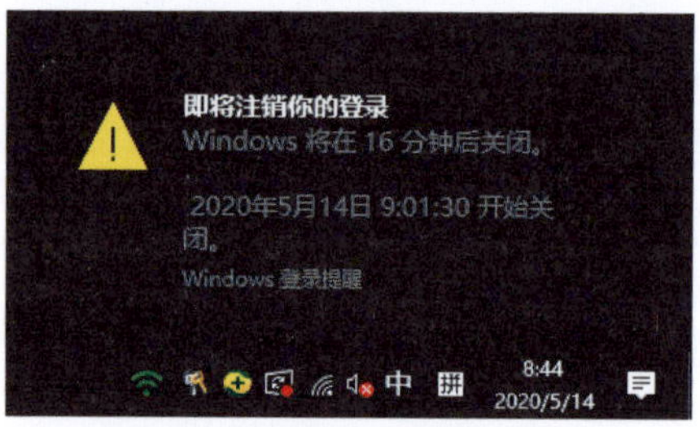

图 1.39 弹出关机提醒

图 1.40 解除关机命令提醒

如果设定了倒计时时间，则不会在屏幕中间弹出关机提示，而是在屏幕右下角弹出提示。因为 1000 / 60 = 16.66666，约等于 16 分钟，所以图 1.39 中提示 Windows 将在 16 分钟后关闭。

（3）解除关闭命令

如果用户想解除关机倒计时，可以通过 shutdown –a 命令来执行，代码如下：

```
import os
os.system("shutdown -a")                         # 执行解除关机命令
```

程序运行结果如图 1.40 所示。

说明： 解除关闭操作之后也会在右下角弹出提示。

（4）定时关机

想要实现定时关机需要用到 Windows 系统的 schtasks 定时任务命令，其语法如下：

```
schtasks /create /tn 自定义的任务名 /sc once /tr "shutdown -s" /f /st 指定的时间
```

其中 /sc once 表示该任务只会执行一次。

例如，编写 Python 程序，让计算机在当天晚上 20:00:00 关机，代码如下：

```python
import os
def shut_down(time):
    command = 'schtasks /create /tn "定时关机" /sc once /tr "shutdown -s " /f /st ' + time
    result = os.system(command)                          # 执行命令
    return result == 0                                   # 如果命令执行成功
time = "20:00:00"
if shut_down(time):
    print("定时关机任务制定完毕")
else:
    print("无法制定定时关机任务")
```

程序运行结果如下：

```
定时关机任务制定完毕
```

因为创建的是定时任务，所以不会出现关机倒计时提示。想要查看定时任务可以在命令行中直接执行 schtasks 命令，然后查看定时任务列表，效果如图 1.41 所示。

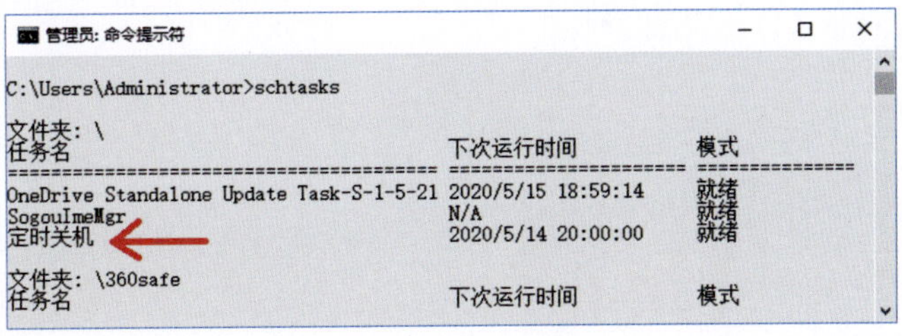

图 1.41　在定时任务列表中可以看到程序创建的定时关机任务列表

快学快用 8　使用 Python 代码修改固定 IP 地址

常用修改 Windows 系统 IP 地址的方法为：在桌面的“网络”图标上单击鼠标右键，打开更改适配器设置链接，找到对应的网络适配器（也就是网卡）图标，单击鼠标右键，选择属性。最后修改 Internet 协议版本 4(TCP/IPv4) 项目中的属性值。这一系列操作非常烦琐，不过可以通过 os.system() 方法调用 netsh 来封装这一操作过程。

首先要确定修改 IP 的网卡名称。打开该适配器设置界面，查看所有网卡，如图 1.42 所示。“WLAN”为计算机的无线网卡，“以太网”为计算机的板载有线网卡。本实例将修改有线网卡的 IP，所以先记录下“以太网”这个名称。

说明： Windows 10 系统中板载网卡的默认名称为以太网；Windows 7 系统中板载网卡的默认名称为本地连接。

图 1.42　网络连接适配器界面

然后编写 netsh 命令，其格式如下：

```
netsh interface ip set address 网卡名称 static IP地址 子网掩码 默认网关
```

最后编写 Python 程序，执行命令，代码如下：

```python
import os
def modify_ip(name, ip, mask, gateway):    # 设置静态IP地址
    # 拼接命令
    command = 'netsh interface ip set address "%s" static %s %s %s' % (name, ip, mask, gateway)
    result = os.system(command)                # 执行命令
    return result == 0                         # 如果命令执行成功
name = "以太网"                                 # 网卡名称，Win10默认为以太网，Win7默认为本地连接
ip = "192.168.0.10"                            # 修改之后的IP
mask = "255.255.255.0"                         # 子网掩码
gateway = "192.168.0.1"                        # 默认网关
result = modify_ip(name, ip, mask, gateway)
if result:
    print("IP地址修改成功")
else:
    print("无法修改IP地址")
```

程序运行结果如下：

```
IP地址修改成功
```

程序运行前网卡自动获取 IP 地址，如图 1.43 所示。程序运行后网卡得到了程序设置的固定 IP 地址，如图 1.44 所示。

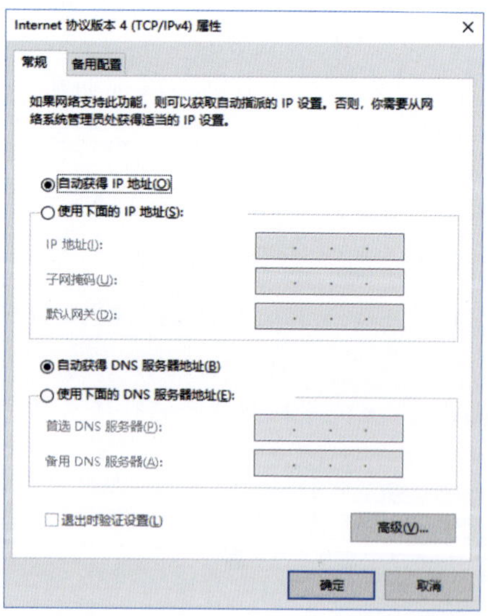

图 1.43 程序运行前适配器自动获取 IP 地址

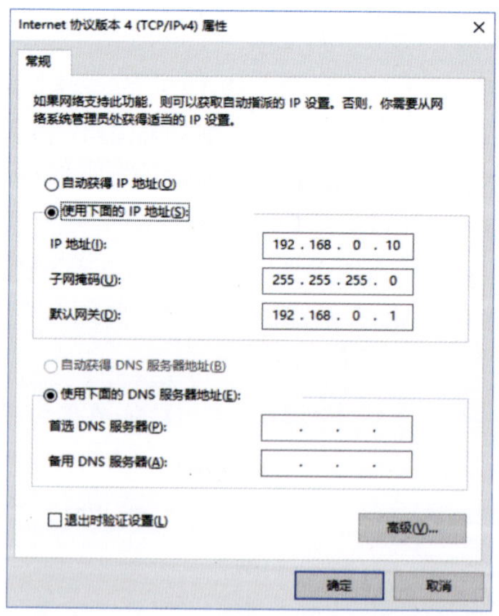

图 1.44 程序运行后适配器得到了固定 IP 地址

快学快用 9 使用 Python 代码修改 DNS

Python 程序可以修改 IP 地址，同样就可以修改 DNS 服务地址。实现该功能通常一个网卡要设置

首选和备用两个 DNS，设置两种格式的命令如下：

设置首选 DNS 的命令格式如下：

```
netsh interface ip set dns 网卡名称 source=static addr=首选DNS的服务地址
```

设置备选 DNS 的命令格式如下：

```
netsh interface ip add dns 网卡名称 备选DNS的服务地址 index=2
```

编写 Python 程序，把计算机板载网卡的 DNS 地址改为阿里云公共 DNS，代码如下：

```python
import os
name = "以太网"                                # 适配器名称
primary_dns = "223.5.5.5"                      # 主DNS
secondary_dns = "223.6.6.6"                    # 副DNS
# 设置主DNS的命令
command1 = 'netsh interface ip set dns "%s" source=static addr=%s' % (name, primary_dns)
# 设置副DNS的命令
command2 = 'netsh interface ip add dns "%s" %s index=2' % (name, secondary_dns)
os.system(command1)                            # 执行命令
os.system(command2)
print("修改DNS完毕")
```

程序运行结果如下：

```
修改DNS完毕
```

程序运行前网卡会自动获取 DNS，如图 1.45 所示。程序运行后网卡得到了程序设置的阿里云公共 DNS，如图 1.46 所示。

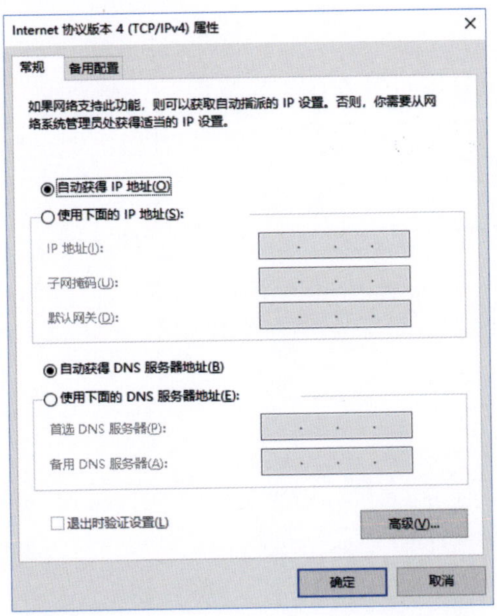

图 1.45　程序运行前适配器自动获取 DNS

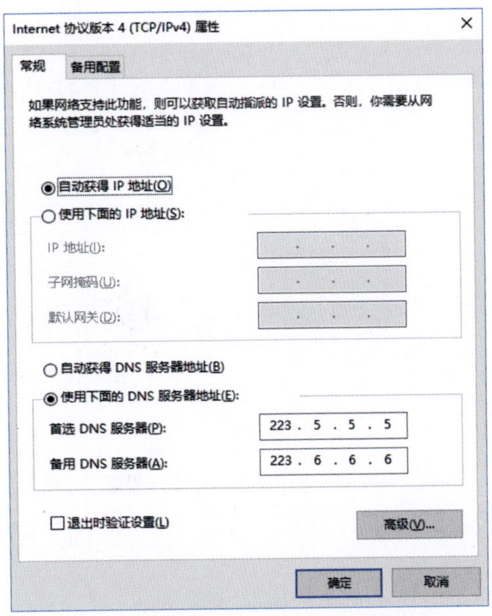

图 1.46　程序运行后适配器得到了固定的 DNS

快学快用 10 使用 Python 代码备份 Windows 注册表

备份注册表有两种方式：使用 Windows 系统自带的 regedit 程序进行备份和使用 reg 命令备份。接下来将分别介绍如何在 Python 程序中使用这两种方式备份注册表。

（1）调用 regedit 程序备份注册表

regedit.exe 本身就是 Windows 系统自带的注册表编辑器程序，在命令行中可以直接通过 regedit 命令打开注册表编辑器。如果在 regedit 命令之后添加 /e 参数，则执行备份注册表的操作，语法如下：

```
regedit /e 注册表项完整名 备份文件名.reg
```

编写 Python 程序，备份 IE 浏览器软件在注册表中的所有记录，代码如下：

```python
import os
def back_up_reg(reg, file_path):
    command = 'regedit /e %s "%s"' % (file_path, reg)        # 拼接命令
    result = os.system(command)                               # 执行命令
    return result == 0                                        # 如果命令执行成功
# IE浏览器的注册表项
reg = "HKEY_LOCAL_MACHINE\\SOFTWARE\\Microsoft\\Internet Explorer"
file = "D:\\test\\backup.reg"                                 # 备份文件的完整名称
result = back_up_reg(reg, file)
if result:
    print("备份完毕")
else:
    print("备份失败")
```

程序运行结果如下：

```
备份完毕
```

程序生成的注册表备份文件如图 1.47 所示，双击此文件即可导入注册表数据。

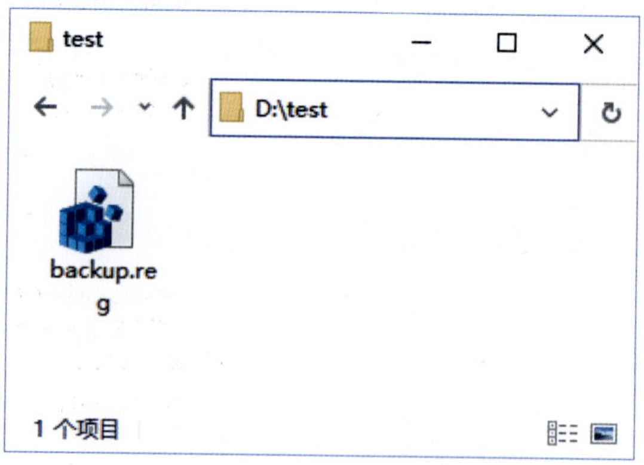

图 1.47 程序生成的注册表备份文件

（2）调用 reg 命令备份注册表

reg 是 Windows 系统自带的注册表操作命令，同样有备份功能，语法如下：

```
reg export "备份文件名.reg" 注册表项完整名 /y
```

编写 Python 程序，使用 reg 命令备份 IE 浏览器软件在注册表中的所有记录，代码如下

```
import os
def back_up_reg2(reg, file_path):
    command = 'reg export "%s" %s /y' % (reg, file_path)                 # 拼接命令
    result = os.system(command)                                          # 执行命令
    return result == 0                                                   # 如果命令执行成功
reg = "HKEY_LOCAL_MACHINE\\SOFTWARE\\Microsoft\\Internet Explorer"      # 备份的注册表项
file = "D:\\test\\backup.reg"                                           # 备份文件的地址
result = back_up_reg2(reg, file)
if result:
    print("备份完毕")
else:
    print("备份失败")
```

程序运行结果如下：

```
备份完毕
```

程序运行完毕之后同样会在 D:\test\ 文件夹下生成一个 backup.reg 文件。

快学快用 11 使用 Python 代码管理 Windows 注册表

注册表是 Windows 系统的重要数据库，用于存储系统和应用程序的设置信息，大多数软件在安装时都需要在注册表中登记。下面将介绍如何在 Python 程序中对注册表进行增、删、改操作。

（1）添加新注册表项

添加注册表项需要使用 reg add 命令，语法如下：

```
reg add 注册表项完整名
```

编写 Python 程序，在已有的 HKEY_LOCAL_MACHINE\SOFTWARE\ 注册表项下添加 mrsoft 注册表项，代码如下：

```
import os
key_name = "mrsoft"                                                # 要添加的项名称
command = 'reg add "HKEY_LOCAL_MACHINE\SOFTWARE\%s"' % key_name    # 拼接命令
result = os.system(command)                                        # 执行添加命令
if result == 0:                                                    # 如果命令执行成功
    print("添加注册表成功")
else:
    print("无法添加注册表！")
```

程序运行结果如下：

```
添加注册表成功
```

程序运行完毕之后，打开注册表编辑器，在 HKEY_LOCAL_MACHINE\SOFTWARE\ 注册表项下就可以看到程序创建的 mrsoft 项，如图 1.48 所示。因为未给该项添加任何具体值，所以界面右侧是空的。

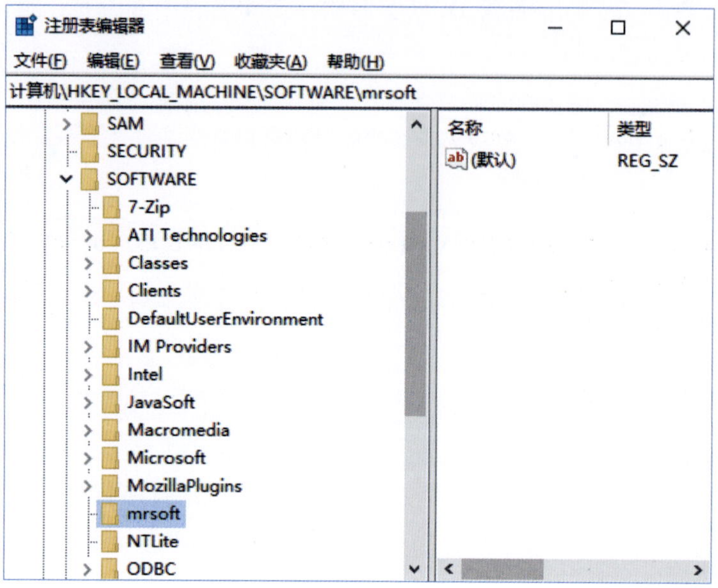

图 1.48 HKEY_LOCAL_MACHINE\SOFTWARE\ 注册表项下添加了新的 mrsoft 项

（2）为注册表项添加具体值

为注册表项添加具体值也使用 reg add 命令，但需要使用 /v 参数，语法如下：

```
reg add 注册表项完整名 /v 键名 /t REG_SZ /d 具体值 /f
```

其中，/t REG_SZ 表示值为字符类型；/f 表示强制覆盖。

为创建好的 mrsoft 项添加 Home Page 的键，键中值为明日学院网址“www.mingrisoft.com”，代码如下：

```python
import os
key_name = "mrsoft"                                   # 要添加的项名称
value_name = "Home Page"                              # 要添加的值名称
data = "www.mingrisoft.com"                           # 要添加的值
command = 'reg add "HKEY_LOCAL_MACHINE\SOFTWARE\%s" /v "%s" /t REG_SZ /d "%s" /f' % (key_name, value_name, data)   # 拼接命令
result = os.system(command)                           # 执行添加命令
if result == 0:                                       # 如果命令执行成功
    print("添加注册表项成功")
else:
    print("无法操作注册表！")
```

程序运行结果如下：

```
添加注册表成功
```

程序运行完毕后，打开注册表编辑器，选中 HKEY_LOCAL_MACHINE\SOFTWARE\mrsoft\ 注册

表项就可以看到界面右侧出现了 Home Page 键，其保存的值为“www.mingrisoft.com”，如图 1.49 所示。

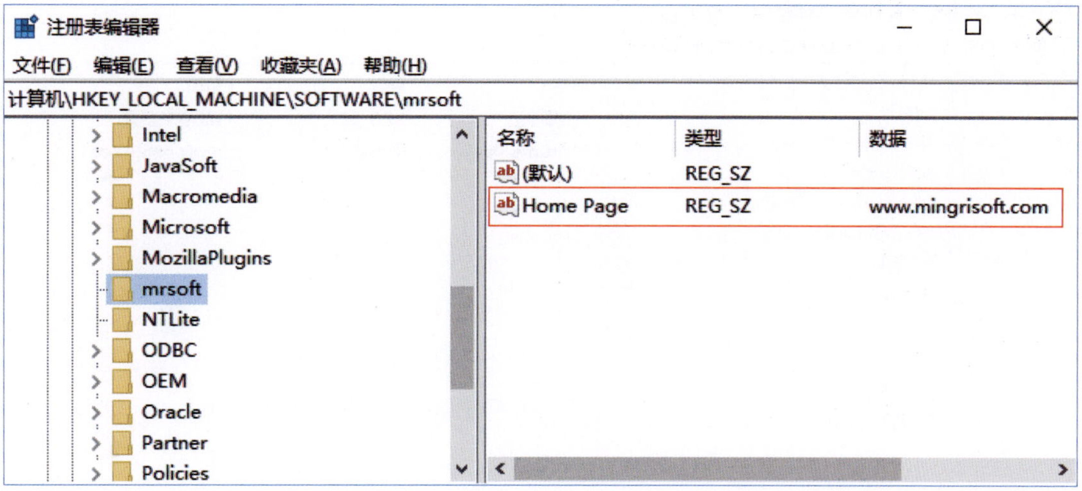

图 1.49 mrsoft 项中添加了 Home Page 值

（3）修改注册表的值

注意：此操作为敏感操作，不要随意修改注册表中的内容，否则容易导致系统崩溃。

修改注册表的命令与添加注册表值的命令相同，Windows 系统会直接将新值替代旧值。例如，编写 Python 程序，将 HKEY_LOCAL_MACHINE\SOFTWARE\mrsoft\ 项的主页值从“www.mingrisoft.com”改成“www.baidu.com”，代码如下：

```
import os

def update_reg(key_name, value_name, data):
    command = 'reg add "%s" /v "%s" /t REG_SZ /d "%s" /f' % (key_name, value_name, data)# 拼接命令
    result = os.system(command)                          # 执行添加命令，会覆盖原有值
    return result == 0                                   # 如果命令执行成功

key_name = "HKEY_LOCAL_MACHINE\\SOFTWARE\\mrsoft"      # 项名称
value_name = "Home Page"                                 # 值名称
data = "www.baidu.com"                                   # 要改的值

if update_reg(key_name, value_name, data):               # 修改注册表
    print("修改注册表成功")
else:
    print("无法操作注册表！")
```

程序运行结果如下：

```
修改注册表成功
```

程序运行完毕之后，打开注册表编辑器，选中 HKEY_LOCAL_MACHINE\SOFTWARE\mrsoft\ 项，可以看到 Home Page 的值已经变成了“www.baidu.com”，如图 1.50 所示。

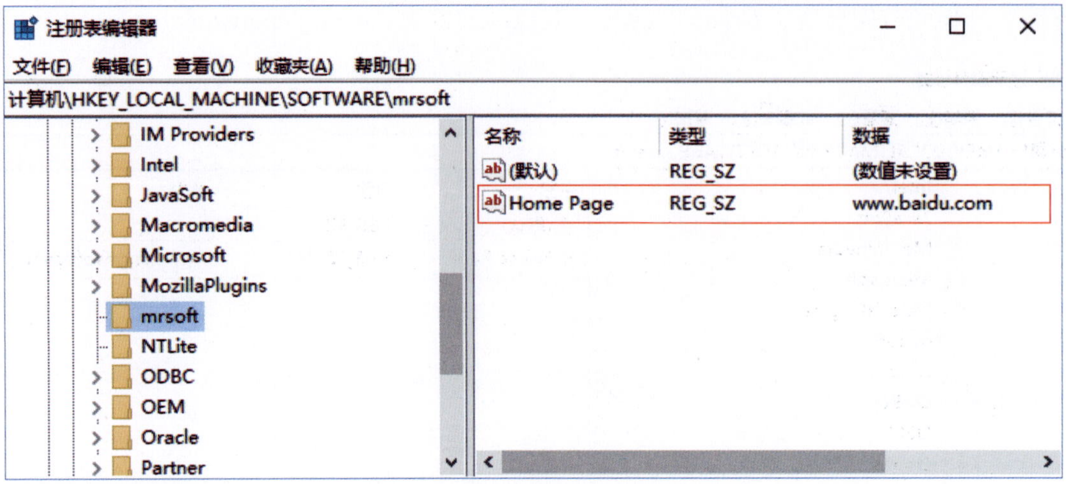

图 1.50 Home Page 的值被修改了

（4）删除注册表的值

注意： 此操作为敏感操作，随意删除注册表中的内容容易导致系统崩溃，慎重执行！

删除注册表值需要使用 reg delete 命令，语法如下：

```
reg delete 注册表项完整名 /v 键名 /f
```

例如，编写 Python 程序，将之前创建的 Home Page 键删除，代码如下：

```python
import os
key_name = "mrsoft"                                              # 要添加的项名称
value_name = "Home Page"                                         # 要添加的值名称
# 拼接命令
command = 'reg delete "HKEY_LOCAL_MACHINE\SOFTWARE\%s" /v "%s" /f' % (key_name, value_name)
result = os.system(command)                                      # 执行添加命令
if result == 0:                                                  # 如果命令执行成功
    print("删除注册表值成功")
else:
    print("无法操作注册表！")
```

程序运行结果如下：

```
删除注册表值成功
```

此时，在注册表编辑器中就看不到 HKEY_LOCAL_MACHINE\SOFTWARE\mrsoft\ 项的 Home Page 的值了。

（5）删除注册表的项

注意： 此操作为敏感操作，随意删除注册表中的项容易导致系统崩溃，慎重执行！

删除注册表项与删除注册表值的命令相同，只是取消了 /v 参数，语法如下：

```
reg delete 注册表项完整名 /f
```

编写 Python 程序，删除注册表中的 HKEY_LOCAL_MACHINE\SOFTWARE\mrsoft\ 项，代码如下：

```
import os
key_name = "mrsoft"                                          # 要添加的项名称
command = 'reg delete "HKEY_LOCAL_MACHINE\SOFTWARE\%s" /f' % key_name # 拼接命令
result = os.system(command)                                  # 执行添加命令
if result == 0:                                              # 如果命令执行成功
    print("删除注册表项成功")
else:
    print("无法操作注册表！")
```

程序运行结果如下：

```
删除注册表项成功
```

此时，在注册表编辑器中就看不到 HKEY_LOCAL_MACHINE\SOFTWARE\mrsoft\ 项了。

快学快用 12　一键修改《魔兽争霸 3》游戏界面的分辨率

《魔兽争霸 3》是美国暴雪娱乐在 2002 年发行的一款即时战略单机游戏。该游戏虽然发行时间早，但依然拥有大量游戏玩家。也因为这是一款老游戏，游戏仍然按照旧式纯平显示器的低分辨率显示画面，让很多早已使用宽屏液晶显示器的玩家烦恼不已。《魔兽争霸 3》这款游戏的分辨率不能在游戏中设置，而是需要用户更改游戏注册表中的分辨率值，很多不熟悉电脑玩家的都无从下手。

现在可以使用 Python 语言编写一个小程序，自动修改《魔兽争霸 3》的注册表，让每个玩家都可以“一键改变分辨率”。代码如下：

```
import os
width = "1024"                                   # 屏幕宽度
height = "768"                                   # 屏幕高度
# 修改注册表作用war3游戏的屏幕分辨率宽度
reg_com_1 = 'reg add "HKEY_CURRENT_USER\Software\Blizzard Entertainment\Warcraft III\Video" /v reswidth /t REG_DWORD /d %s /f' % width
# 修改注册表作用war3游戏的屏幕分辨率高度
reg_com_2 = 'reg add "HKEY_CURRENT_USER\Software\Blizzard Entertainment\Warcraft III\Video" /v resheight /t REG_DWORD /d %s /f' % height
result1 = os.system(reg_com_1)                   # 修改注册表
result2 = os.system(reg_com_2)
if result1 + result2 == 0:                       # 如果两个命令都执行成功
    print("修改成功，war3游戏界面改为%s*%s" % (width, height))
else:
    print("修改失败s")
```

程序运行结果如下：

```
修改成功，war3游戏界面改为1024*768
```

程序执行完毕之后，打开《魔兽争霸 3》游戏，就可以看到该游戏界面是以最新的 1024×768 分辨率进行展示，效果如图 1.51 所示。

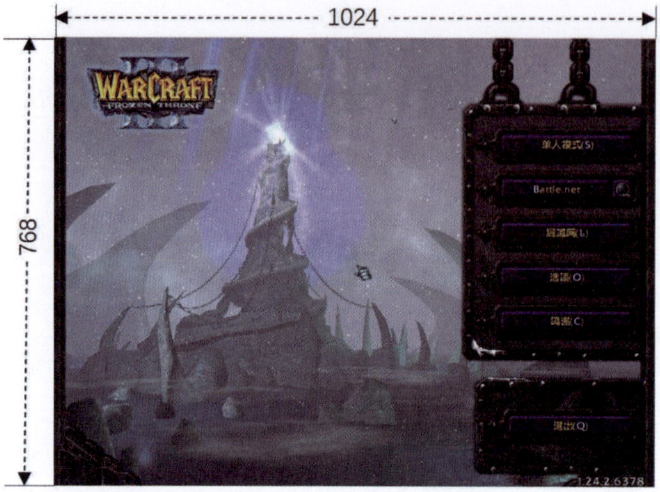

图 1.51 将游戏界面的分辨率改为 1024×768

快学快用 13 项目中自动安装所需第三方模块

当导入第三方模块时，如果出现 ModuleNotfoundError 异常时，就调用 os.system() 方法执行安装该第三方模块的命令。代码如下：

```
import os                                      # 导入文件与操作系统相关模块
# 当第三方模块未安装时
try:
    import numpy                               # 导入模块
except ModuleNotFoundError:                    # 处理异常
    print('正在安装Numpy模块，请稍等......')
    os.sytem('pip install numpy')              # 安装模块
```

运行上面的代码，当第三方模块 numpy 未安装时，将自动安装该模块，并显示以下提示信息：

```
正在安装Numpy模块，请稍等......
```

说明： 在使用 pip install 命令安装模块时，计算机需要保持联网状态。

快学快用 14 执行打开文件命令时自动关闭 CMD 窗口

在使用 os.system() 方法执行 CMD 命令打开文件时，会出现黑色背景的 CMD 命令行窗口；然后执行第一条命令，同时阻塞当前程序的执行。通过在 CMD 命令前加入 start 语句，可以实现不阻塞当前程序的执行，并且自动关闭 CMD 命令窗口的功能。例如，同时打开两个文件，代码如下：

```
import os                                      # 导入文件与操作系统相关模块
print(os.system(r'start e:/mot.txt'))          # 打开文本文件
print(os.system(r'start e:/零基础学Python.pdf')) # 打开PDF文件
```

运行上面的代码，自动打开 mot.txt 和零基础学 Python.pdf 两个文件，效果如图 1.52 所示。

图 1.52 同时打开的两个文件

1.3 exec 族方法——执行新程序

快用标签 os.execl() os.execle() os.execlp() os.execv() os.execve() os.execvp() os.execvpe() 视频格式转换 截取视频 提取音频 截取视频封面 重启 启动 Eclipse

关键代码段

```
os.execv("D:\\test\\ffmpeg.exe", avg)                        # 执行视频处理相关操作【快1】
os.execlp("shutdown", "shutdown", "-r", "-t", "300")         # 5分钟重启计算机【快5】
env = {"PATH": "C:\\Program Files\\Java\\jdk-11.0.2\\bin;"}  # 设置Java运行环境的环境变量【快6】
args = ["eclipse.exe"]                                       # 启动Eclipse的命令
os.execve("E:\\eclipse\\eclipse.exe", args, env)# 指定Eclipse的启动文件，启动Eclipse，配置环境变量
```

➔ 语法

os 模块的 exec*() 方法用于执行一个新程序，取代当前进程。exec* 中的 * 可由 “l” “v” “p” “e” 这四个字母自由组合代替，每种组合都构成一个独立的方法，这些方法的语法如下：

语法一：

```
os.execl(path,arg0,arg1,...)
```

语法二：

```
os.execle(path,arg0,arg1,...,env)
```

语法三：

```
os.execlp(file,arg0,arg1,...)
```

语法四：

```
os.execlpe(file,arg0,arg1,...,env)
```

语法五：

```
os.execv(path,args)
```

语法六：

```
os.execve(path,args,env)
```

语法七：

```
os.execvp(file,args)
```

语法八：

```
os.execvpe(file,args,env)
```

参数说明：

- path：用于指定要执行程序的完整文件名。
- arg0,arg1：执行的命令参数，通常第一个参数为执行命令，后续参数为执行命令所使用的参数。
- args：不为空的列表或元组，其元素为执行的命令及所使用的参数。
- env：定义新处理的环境变量（将被用来代替当前进程的环境）的映射，可以使用 os.environ 指定。
- file：用于指定要执行程序的完整文件名，也可直接使用环境变量。

从这些方法名称中可以看出，“l”表示方法采用不定长参数，所有参数按顺序排列，有多少写多少；“v”表示方法将指令执行的参数都放在一个列表中，如果参数数量变化了，采用“v”方法更加方便；“p”表示方法的第一个参数可以直接调用环境变量中配置好的程序，例如，环境变量已经配置好的 C:\Windows\System32\notepad.exe 程序可以直接通过“notepad”命令执行；“e”表示方法的最后一个参数用于为程序运行搭建临时变量，参数类型为字典类型。

➔ 应用

快学快用 1　利用 ffmpeg 转换视频文件格式

ffmpeg 是一套可以用来记录、转换数字音频、视频，并能将其转化为流的开源计算机程序。ffmpeg 的下载地址如下：

```
http://ffmpeg.org/
```

ffmpeg 软件最主要的执行程序是 ffmpeg.exe，通过命令执行该程序时添加相应的参数即可实现相应的功能。转换视频文件格式命令的语法如下：

```
ffmpeg -i 原视频文件 -vcodec copy -acodec copy 新视频文件 -y
```

其中，-vcodec 参数用于设置视频编解码器；-acodec 参数用于设置音频编解码器，-y 表示新文件覆盖同名文件。

现在将 demo.mp4 视频文件和 ffmpeg.exe 执行文件放在 D:\test\ 路径下，如图 1.53 所示。

编写 Python 程序，通过 execl() 方法调用 ffmpeg 软件的转换视频命令，将 MP4 视频转为 FLV 格式，代码如下：

```
import os
old_file = "D:\\test\\demo.mp4"                          # 原始视频文件
new_file = "D:\\test\\demo.flv"                          # 转换之后的文件
# 第一个参数为ffmpeg.exe完整名，第二个参数为ffmpeg，后面接其他参数
os.execl("D:\\test\\ffmpeg.exe", "ffmpeg", "-i", old_file, "-vcodec", "copy", "-acodec",
 "copy", new_file, "-y")
```

程序运行结果如图 1.54 所示。

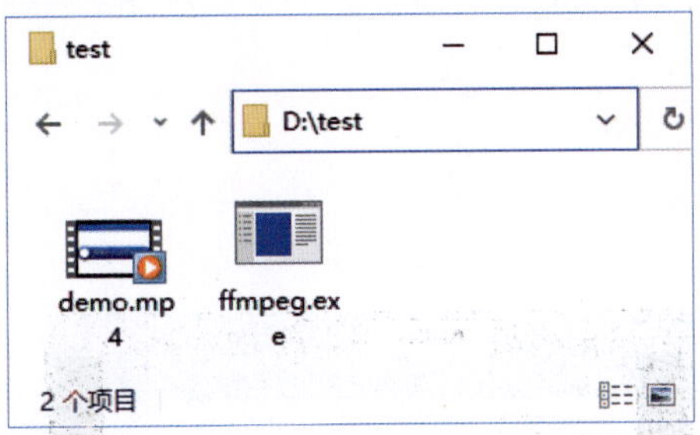

图 1.53 视频文件和 ffmpeg.exe 的存放位置

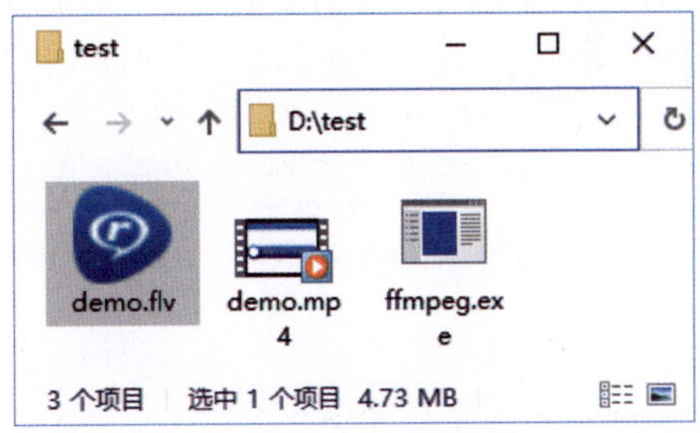

图 1.54 D\test\ 目录下出现了转换得到的 demo.flv 文件

ffmpeg 不仅只可以转换 FLV 格式，也可以转换 AVI 格式。重新编写 Python 程序，使用 execv() 方法将 MP4 视频转为 AVI 格式，代码如下：

```
import os
old_file = "D:\\test\\demo.mp4"                          # 原始视频文件
new_file = "D:\\test\\demo.avi"                          # 转换之后的文件
# 参数写在列表里
avg = ["ffmpeg", "-i", old_file, "-vcodec", "copy", "-acodec", "copy", new_file, "-y"]
# 第一个参数为ffmpeg.exe完整名，第二个参数为其他参数列表
os.execv("D:\\test\\ffmpeg.exe", avg)
```

程序运行结果如图 1.55 所示。

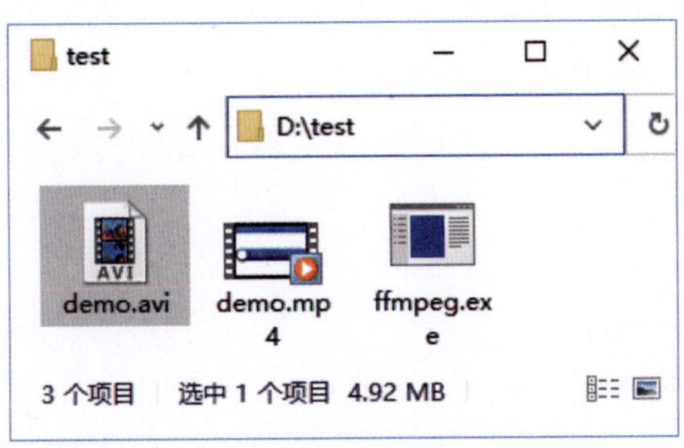

图 1.55 D\test\ 目录下出现了转换得到的 demo.avi 文件

快学快用 2　利用 ffmpeg 截取视频片段

ffmpeg 截取视频的命令语法如下：

```
ffmpeg -i 原视频文件 -vcodec copy -acodec copy -ss 起始时间 -to 结束时间 新视频文件 -y
```

编写 Python 程序，通过 execv() 方法调用 ffmpeg 软件的截取视频命令，将视频中 1 分至 1 分 15 秒的视频片段保存成一个独立的视频文件。代码如下：

```python
import os
old_file = "D:\\test\\demo.mp4"                          # 原始视频文件
new_file = "D:\\test\\part.mp4"                          # 转换之后的文件
start_time = "00:01:00"                                  # 片段在原视频中的开始时间
end_time = "00:01:15"                                    # 片段在原视频中的结束时间
# 参数写在列表里
avg = ["ffmpeg", "-i", old_file, "-vcodec", "copy", "-acodec", "copy", "-ss", start_time, "-to", end_time, new_file, "-y"]
# 第一个参数为ffmpeg.exe完整名，第二个参数为其他参数列表
os.execv("D:\\test\\ffmpeg.exe", avg)
```

程序运行结果如图 1.56 所示。

图 1.56　D:\test\ 文件夹中出现了 part.mp4 文件

图 1.57　播放截取出的视频文件

图 1.57 是截取出的视频文件的播放界面，从图中可以看出，截取的视频时长只有 15 秒。

快学快用 3　利用 ffmpeg 提取视频中的音频

ffmpeg 提取音频的命令语法如下：

```
ffmpeg -i 原视频文件 -f mp3 -vn 新视频文件 -y
```

其中，-vn 表示转换时阻止文件的所有视频流。

编写 Python 程序，通过 execl() 方法调用 ffmpeg 软件的提取音频命令，将视频中的音频保存成 MP3 文件，代码如下：

```python
import os
old_file = "D:\\test\\demo.mp4"                          # 原视频文件
new_file = "D:\\test\\demo.mp3"                          # 转换之后的音频文件
# 第一个参数为ffmpeg.exe完整名，第二个参数为ffmpeg，后面接其他参数
os.execl("D:\\test\\ffmpeg.exe", "ffmpeg", "-i", old_file, "-f", "mp3", "-vn", new_file,"-y")
```

程序运行结果如图 1.58 所示。

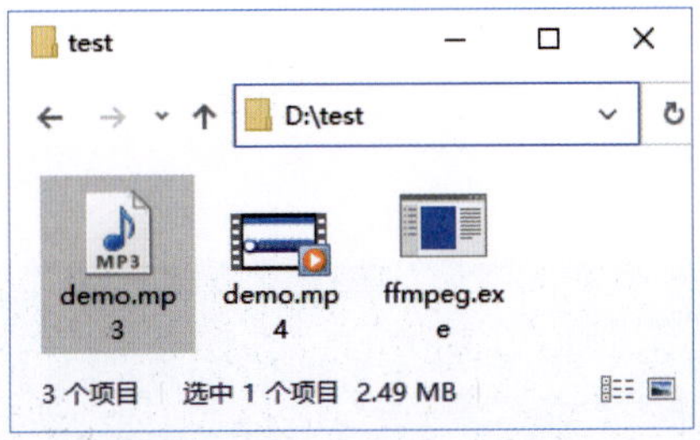

图 1.58 D:\test\ 文件夹中出现了 demo.mp3 文件

快学快用 4 使用 Python 代码截取视频封面图

ffmpeg 截取视频第一帧图片的命令语法如下：

```
ffmpeg -i 原视频文件 -f image2 -r 1 -y 图片文件
```

其中，-r 1 表示读取视频第一帧的画面。

编写 Python 程序，通过 execl() 方法调用 ffmpeg 软件的截取图片命令，将视频中第一帧画面保存成图片文件，代码如下：

```python
import os
old_file = "D:\\test\\demo.mp4"      # 原视频文件
cover_img = "D:\\test\\cover.jpg"    # 截取出的图片文件
# 第一个参数为ffmpeg.exe完整名，第二个参数为ffmpeg，后面接其他参数
os.execl("D:\\test\\ffmpeg.exe", "ffmpeg", "-i", old_file, "-f", "image2", "-r", "1",
cover_img, "-y")
```

程序运行结果如图 1.59 和图 1.60 所示。

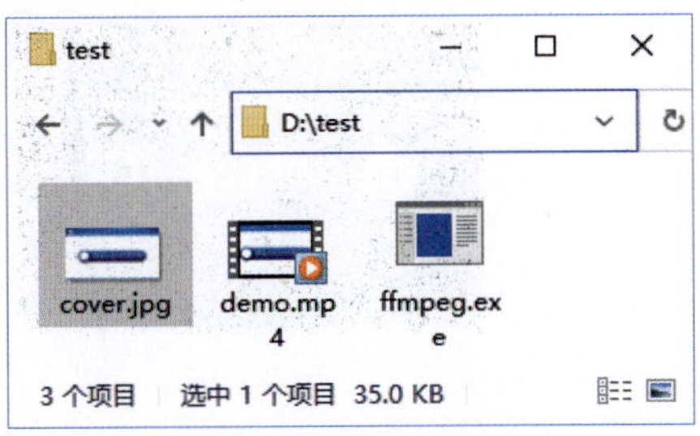

图 1.59 D:\test\ 文件夹中出现了 cover.jpg 图片文件

图 1.60 cover.jpg 图片打开的效果

快学快用 5 使用 Python 代码重启计算机

exec*p() 方法可以直接调用环境变量中设置好的程序，例如，Windows 系统自带 C:\Windows\System32\shutdown.exe 关机程序，exec*p() 方法可以直接通过“shutdown”命令代替程序的完整名“C:\Windows\System32\shutdown.exe”。

使用 shutdown 重启计算机的命令语法如下：

```
shutdown -r -t 秒数倒计时
```

编写 Python 程序，通过 execlp() 方法直接 shutdown 命令，让计算机在 5 分钟之后重启，代码如下：

```
import os
os.execlp("shutdown", "shutdown", "-r", "-t", "300")     # 可以使用环境变量里的可执行命令
```

程序运行结果如图 1.61 所示。

图 1.61 系统重启前弹出的提示

说明： shutdown –r 命令发起的重启任务可以由 shutdown –a 命令取消。

execvp() 方法也可以直接调用 shutdown 命令，代码如下

```
import os
avg = ["shutdown", "shutdown", "-r", "-t", "300"]        # 将参数放在列表里
os.execvp("shutdown", avg)
```

程序运行结果与上一个例子的结果相同。

快学快用 6 在未搭建 Java 环境的计算机中启动 Eclipse 软件

Eclipse 是一个开源的开发平台，但是想要运行 Eclipse 程序就必须先搭建 Java 运行环境，否则 Eclipse 会弹出如图 1.62 所示的报错对话框。如果某台没有安装过 Java 运行环境的电脑想要使用 Eclipse，就可以通过 exec*e() 方法来搭建临时环境。

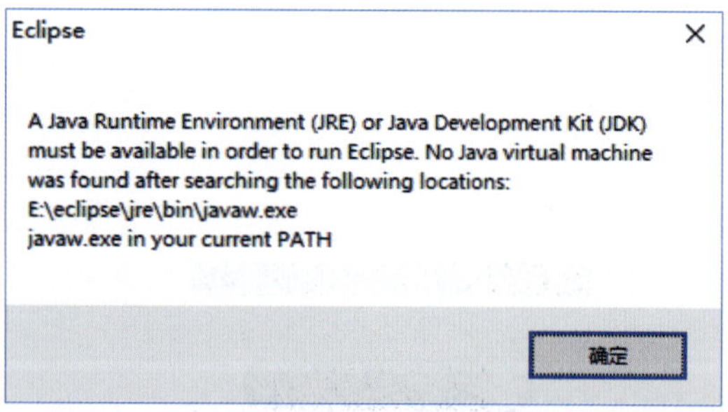

图 1.62 直接启动 Eclipse 会弹出报错对话框

图 1.63 使用 Python 程序启动 Eclipse 可以看到正常的启动画面

编写 Python 程序，使用 execve() 方法启动 Eclipse，启动时利用 C:\Program Files\Java\ 文件夹下的 JDK 程序搭建临时的 Java 运行环境，代码如下：

```
import os
# 给path环境变量添加Java运行环境的文件夹地址
env = {"PATH": "C:\\Program Files\\Java\\jdk-11.0.2\\bin;"}
args = ["eclipse.exe"]                          # 启动Eclipse的命令
# 指定Eclipse的启动文件，启动Eclipse，同时配置临时环境变量
os.execve("E:\\eclipse\\eclipse.exe", args, env)
```

程序运行结果如图 1.63 所示。

1.4 linesep 属性——操作系统中分隔行的字符串

快用标签 os.linesep encode()

关键代码段

```
linesep = os.linesep                         # 获取操作系统中分隔行的字符串【快】
print('不转义输出：', linesep.encode())        # 编码后输出【快】
```

➔ 语法

os 模块的 linesep 属性表示操作系统中分隔行的字符串。语法如下：

```
os.linesep
```

参数说明：

❖ 返回值：操作系统中分隔行的字符串。

➔ 应用

快学快用 获取操作系统中分隔行的字符串

获取操作系统中分隔行的字符串并输出，代码如下：

```
import os                                    # 导入文件与操作系统相关模块
linesep = os.linesep                         # 获取操作系统中分隔行的字符串
print(linesep)                               # 直接输出
print('不转义输出：', linesep.encode())        # 编码后输出
```

在 Windows 系统中，运行上面的代码，将显示如图 1.64 所示的结果。

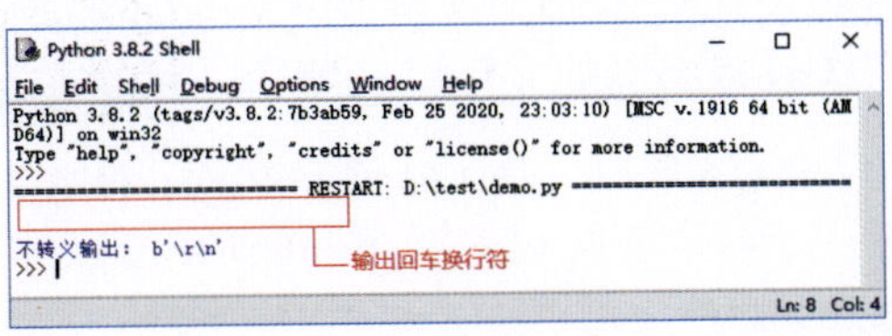

图 1.64 显示操作系统中使用分隔行的字符串

1.5 name 属性——获取依赖操作系统的模块名称

快用标签 os.name os.stat() st_mode os.chmod() stat.S_IREAD

关键代码段

```
print(os.name)                                          # 获取当前操作系统对应的模块名称【快1】
if os.name == 'nt':                                     # 判断是否为Windows操作系统【快2】
mode = ((os.stat(tempname).st_mode)|0o555) & 0o777     # 设置路径模式【快3】
os.chmod(tempname,mode)                                 # 设置路径模式
```

➔ 语法

os 模块的 name 属性用于获取依赖于特定操作系统的模块名称。语法如下：

```
os.name
```

参数说明：

❖ 返回值：当前操作系统对应的模块名称。目前已经注册的模块名称有“posix”“nt”和“java”等。

➔ 应用

快学快用 1　显示当前操作系统对应的模块名称

显示当前操作系统对应的模块名称，代码如下：

```
import os                                   # 导入文件与操作系统相关模块
print(os.name)                              # 获取当前操作系统对应的模块名称
```

在 Windows 10 操作系统中运行程序，结果如下：

```
nt
```

快学快用 2　针对不同操作系统设置不同信息

在不同操作系统中，文件路径的形式不同。这里通过 os.name 属性获取当前的操作系统，再使用 if…elif 语句实现针对不同操作系统设置不同的文件默认路径，代码如下：

```
import os                                   # 导入文件与操作系统相关模块
if os.name == 'nt':                         # 判断是否为Windows操作系统
    defaultpath =  'D:/python/mr'           # 设置默认路径
elif os.name == 'posix':                    # 判断是否为Linux/Unix操作系统
    defaultpath = '/home/python/mr'         # 设置默认路径
else:
    defaultpath = '未知路径'
print('默认路径为：',defaultpath)            # 输出默认路径
```

在 Windows 10 操作系统中运行程序，结果如下：

```
默认路径为： D:/python/mr
```

快学快用 3 根据操作系统设置路径的权限

如果是 Unix 操作系统，则设置路径为任何人都可以读、写和执行的模式；如果是 Windows 操作系统，则设置路径为只读模式。代码如下：

```
import os                                        # 文件与操作系统相关模块
if os.name == 'posix':                           # 如果是Unix操作系统
    tempname = '/home/python/mr'
    mode = ((os.stat(tempname).st_mode)|0o555) & 0o777
    os.chmod(tempname,mode)                      # 设置路径模式
elif os.name == 'nt':
    import stat                                  # 导入stat模块
    tempname = 'D:/temp/mr'
    os.chmod(tempname,stat.S_IREAD)              # 将路径模式更改为只读模式
```

说明： 运行上面的代码，将不输出任何内容。但是必须保证在运行的操作系统中，tempname 指定的路径是真实存在的。

1.6 getlogin() 方法——获取系统的登录用户名

最常用 os.getlogin()

关键代码段

```
print(os.getlogin( ))   # 获取当前系统的登录用户名【快】
```

➔ 语法

os 模块的 getlogin() 方法用于返回当前系统的登录用户名。语法格式如下：

```
os.getlogin()
```

参数说明：

- ❖ 返回值：当前系统的登录用户名。

➔ 应用

快学快用 输出当前系统的登录用户名

输出当前系统的登录用户名，代码如下：

```
import os                     # 导入文件与操作系统相关模块
print(os.getlogin( ))         # 获取当前系统的登录用户名
```

程序运行结果如下：

```
Administrator
```

1.7 isatty() 方法——判断是否连接到 TTY 设备

快用标签 os.isatty() os.open() os.close() os.openpty()

最常用 os.isatty(fd)，fd 为通过 os.open() 方法返回的对象。

关键代码段

```
fd = os.open(r'test.txt',os.O_RDWR)          # 打开文件描述符【快】
print(os.isatty(fd))                         # 输出是否连接到类似TTY设备
os.close(fd)                                 # 关闭文件描述符
master, slave = os.openpty()                 # 打开一个伪终端（在Windows系统上不支持该语句）【快】
```

语法

os 模块的 isatty() 方法用于判断打开的文件描述符是否连接到一个类似 TTY 的设备。语法如下：

```
os.isatty(fd)
```

参数说明：

- fd：打开的文件描述符，也就是通过 os.open() 方法返回的对象。
- 返回值：如果文件描述符是打开的，并且连接到一个类似 TTY 的设备，则返回 True；否则返回 False。

应用

快学快用 判断打开的文件描述符是否连接到 TTY 设备

判断打开的文件描述符是否连接到 TTY 设备，代码如下：

```
import os                            # 导入文件与操作系统相关模块
fd = os.open(r'test.txt',os.O_RDWR)  # 打开文件描述符
print(os.isatty(fd))                 # 输出是否连接到类似TTY设备
os.close(fd)                         # 关闭文件描述符
```

程序运行结果如下：

```
False
```

说明：在 Linux 系统中，可以使用 os 模块的 openpty() 方法打开一个伪终端，然后连接到该伪终端获取设备编码。具体代码如下：

```
import os                          # 导入文件与操作系统相关模块
master, slave = os.openpty()       # 打开一个伪终端（在Windows系统上不支持该语句）
print(os.isatty(master))           # 判断是否连接到TTY设备，返回值为True
```

1.8 cpu_count() 方法——获取系统中的 CPU 数量

关键代码段

```
print(os.cpu_count())              # 获取CPU的数量【快】
```

语法

os 模块的 cpu_count() 方法用于返回系统中的 CPU 数量。语法格式如下：

```
os.cpu_count()
```

参数说明：

- 返回值：整型数值，表示 CPU 的数量。

应用

快学快用 显示系统中 CPU 的数量

获取系统中 CPU 的数量并输出，代码如下：

```
import os                          # 导入文件与操作系统相关模块
print(os.cpu_count())              # 获取CPU的数量
```

程序运行结果如下：

```
4
```

1.9 get_terminal_size() 方法——获取终端窗口的大小

快用标签 os.get_terminal_size() os.system()

最常用 os.get_terminal_size()

关键代码段

```
sz = os.get_terminal_size()                      # 获取终端大小【快2】
os.system("mode con cols=100 lines=40")          # 设置终端宽度100、高度40【快3】
```

语法

os 模块的 get_terminal_size() 方法用于返回终端窗口的大小，类型为元组。语法如下：

```
os.get_terminal_size(fd=STDOUT_FILENO)
```

参数说明：

- fd：可选参数，用于指定终端。
- 返回值：表示终端窗口大小的元组。

应用

快学快用 1 获取终端窗口的大小

获取终端窗口的大小并输出，代码如下：

```
import os                            # 导入文件与操作系统相关模块
print(os.get_terminal_size())        # 输出终端大小
```

在 CMD 命令行窗口中，通过 Python 命令运行 temp.py 文件，将显示如图 1.65 所示的结果。

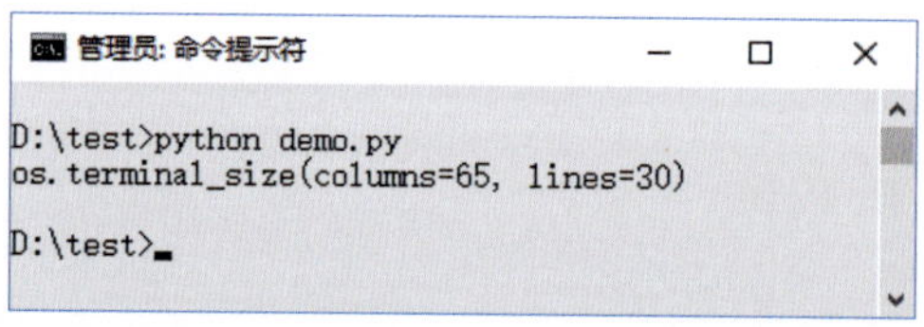

图 1.65 在 CMD 命令行窗口中执行效果

注意：本实例不能在 IDLE 或者 PyCharm 中运行。

快学快用 2 手动改变终端窗口的大小并获取

打开 CMD 命令窗口，改变 CMD 命令窗口的大小，步骤如下：

（1）打开 CMD 命令窗口，在窗口的标题栏位置单击鼠标右键，点击“属性”，如图 1.66 所示。

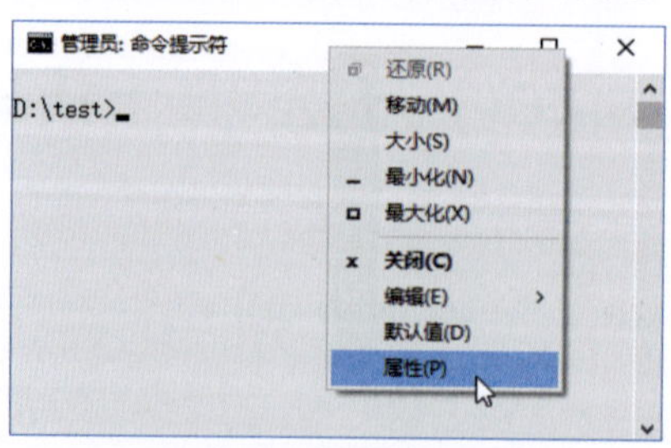

图 1.66 点击“属性”操作

（2）在“属性”界面中，选择“布局”选项，在“窗口大小”位置输入窗口大小，如图1.67所示。

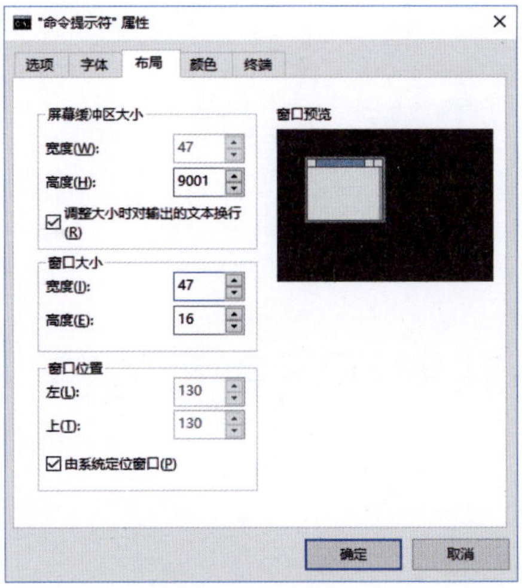

图 1.67 布局操作

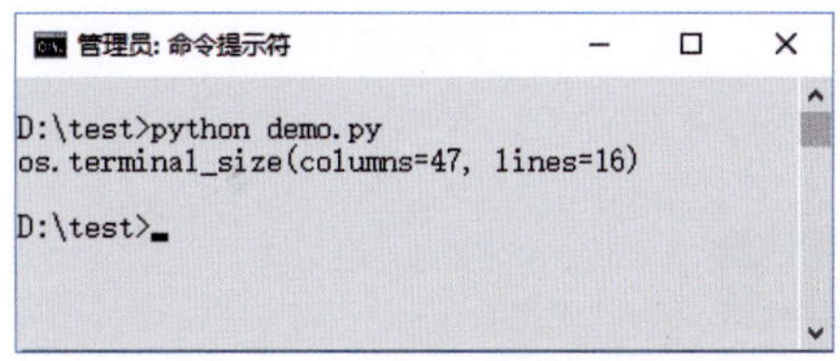

图 1.68 在 CMD 命令行窗口中执行效果

在 Python 文件中写入如下代码：

```
import os
sz = os.get_terminal_size()                    # 获取终端大小
print(sz)
```

同样在 CMD 命令窗口中运行 demo.py 文件，结果如图 1.68 所示。

快学快用 3　自动改变终端窗口的大小并获取

利用一行代码来自动改变终端窗口大小，代码如下：

```
os.system("mode con cols=100 lines=40")        # 设置终端宽度100、高度40
```

再使用 get_terminal_size() 方法获取当前的终端窗口大小，具体代码如下：

```
import os
os.system("mode con cols=100 lines=40")        # 自动设置终端宽度和高度
sz = os.get_terminal_size()                    # 获取终端宽度和高度
print(sz)                                      # 输出终端宽度和高度
```

同样在 CMD 命令窗口中运行 demo.py 文件，运行输入命令如图 1.69 所示。

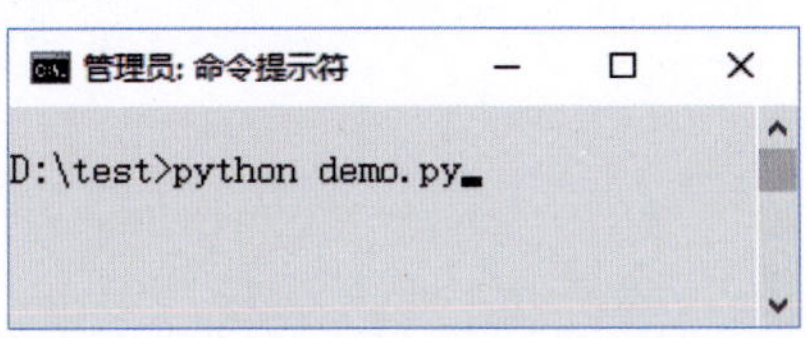

图 1.69 在 CMD 命令行窗口中执行效果

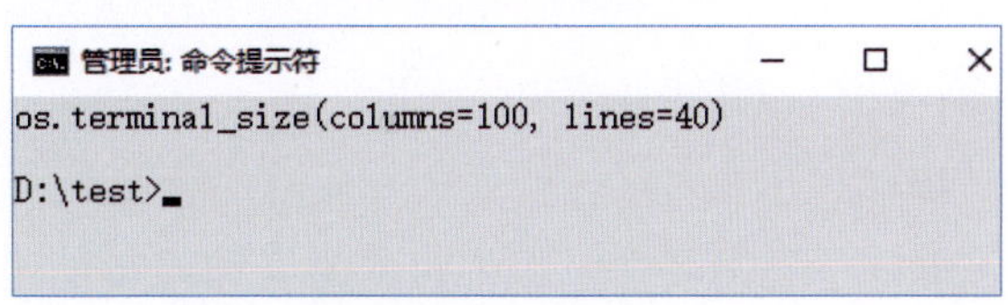

图 1.70 运行结果

输入完运行命令，再按 <Enter> 键，显示结果如图 1.70 所示。

从运行结果来看，终端的大小已经发生变化，并且在变化之后的终端中输出终端当前的宽度和高度。

第2章 获取环境变量

2.1 getenv() 方法——获取环境变量的值

快用标签 os.getenv() path PROCESSOR_ARCHITECTURE

最常用 os.getenv(key)，key 表示要查询的环境变量的键。

关键代码段

```
# 获取一个不存在的系统环境变量wind1的值【快1】
print(os.getenv('wind1', default='未定义该环境变量！'))
print(os.getenv("PATH"))                              #【快3】
print(os. getenv('HOMEPATH'))                         # 当前用户主目录【快4】
print(os.getenv('TEMP'))                              # 临时目录路径【快4】
print(os. getenv('PATHEXT'))                          # 可执行文件【快4】
print(os.getenv('SYSTEMROOT'))                        # 系统主目录【快4】
print(os.getenv('LOGONSERVER'))                       # 机器名【快5】
print(os.getenv("OS"))                                # 当前系统名称【快6】
digits = os.getenv("PROCESSOR_ARCHITECTURE")          # 读取当前处理器架构【快7】
print(os.getenv("programfiles"))                      # 应用程序的默认安装目录【快4】
print(os.getenv("USERNAME"))                          # 当前Windows账户名【快8】
```

➔ 语法

os 模块的 getenv() 方法用于获取环境变量的值。语法如下：

```
os.getenv(key,default=None)
```

参数说明：

❖ key：字符串类型，用于指定要查询的环境变量的键（key），不区分字母大小写。

❖ default：字符串类型。如果指定，当 key 不存在时，返回该值；如果不指定，默认返回 None。

❖ 返回值：字符串类型。如果指定的 key 存在，返回环境变量 key 的变量值；否则返回 default 参数指定的值。

说明： os.getenv() 方法的作用类似 os.path.expandvars() 方法，都可以获取环境变量的值。

➔ 应用

快学快用 1　获取系统环境变量的值

获取已经存在的系统环境变量 windir 的值和不存在的环境变量 wind1 的值，代码如下：

```
import os                                            # 导入文件与操作系统相关模块
print(os.getenv('windir', default=None))             # 获取系统环境变量windir的值
# 获取一个不存在的系统环境变量wind1的值
print(os.getenv('wind1', default='未定义该环境变量！'))
```

程序运行结果如下：

```
C:\WINDOWS
未定义该环境变量！
```

快学快用 2　根据环境变量组合配置文件的完整路径

在计算机中创建系统环境变量 JAVA_HOME，它的值为 Java 的安装路径。在 Java 安装路径的 bin 目录下，存在一个 jmc.ini 配置文件，下面将获取该文件的完整路径。代码如下：

```
import os                                            # 导入文件与操作系统相关模块
# 组合配置文件的完整路径
path = os.path.join(os.getenv('JAVA_HOME'), r'bin\jmc.ini')
print(path)                                          # 输出路径
```

程序运行结果如下：

```
C:\Java\jdk1.7.0_75\bin\jmc.ini
```

注意： 在使用 IDLE 或者 PyCharm 等开发工具编写代码时，配置或者修改环境变量的值后，需要重新启动相应的开发工具，才能获取最新的环境变量信息。

快学快用 3　获取 PATH 系统环境变量

在安装 Python 的 IDLE 时，其中有一步重要操作，就是配置 PATH 环境变量，利用 getenv() 方法获取 PATH 系统环境变量。代码如下：

```
import os                                            # 导入文件与操作系统相关模块
data=os.getenv('PATH')                               # 获取PATH环境变量的路径
print(data)                                          # 输出路径
```

程序运行结果如下：

```
C:\Windows\system32;C:\Windows;C:\Windows\System32\Wbem;C:\Windows\System32\
WindowsPowerShell\v1.0\;C:\Windows\System32\OpenSSH\;G:\Program Files (x86)\Python\
Scripts\;G:\Program Files (x86)\Python\;C:\Users\LJJ\AppData\Local\Microsoft\
WindowsApps;C:\Program Files\MySQL\MySQL Server 5.7\bin;
```

注意： 创建的 Python 文件时不要将其保存在含有中文的路径下，否则输出结果会产生乱码。应将创建的 Python 文件保存在含有英文的路径下。

快学快用 4　获取系统特殊文件路径

利用 getenv() 方法获取当前用户主目录，代码如下：

```
import os
print(os. getenv('HOMEPATH'))                    # 当前用户主目录
```

运行结果如下：

```
\Users\Administrator
```

利用 getenv() 方法获取临时目录路径，代码如下：

```
import os
print(os.getenv('TEMP'))                         # 临时目录路径
```

运行结果如下：

```
C:\Users\Administrator\AppData\Local\Temp
```

利用 getenv() 方法获取可执行文件类型，代码如下：

```
import os
print(os. getenv('PATHEXT'))                     # 可执行文件类型
```

运行结果如下：

```
.COM;.EXE;.BAT;.CMD;.VBS;.VBE;.JS;.JSE;.WSF;.WSH;.MSC
```

利用 getenv() 方法获取系统主目录，代码如下：

```
import os
print(os.getenv('SYSTEMROOT'))                   # 系统主目录
```

运行结果如下：

```
C:\Windows
```

在用户安装软件时，Windows 系统会提供一个默认的安装目录，如果用户在安装过程中不手动修改安装路径，软件就自动安装在默认目录。如果安装的软件增多，默认目录所占的空间就会越来越大。通过读取 programfiles 环境变量可以获得 Windows 默认安装目录字符串，代码如下：

```
import os
print(os.getenv("programfiles"))                 # 应用程序的默认安装目录
```

程序运行结果如下：

```
C:\Program Files
```

快学快用 5 获取机器名

利用 getenv() 方法获取机器名，代码如下：

```
import os
print(os.getenv('LOGONSERVER'))                # 机器名
```

运行结果如下：

```
\\DESKTOP-QM9GUAL
```

说明： 获取的机器名称根据计算机的不同，结果会不一样。

快学快用 6 读取当前系统名称

读取 OS 环境变量可以获取当前系统的名称，代码如下：

```
import os
print(os.getenv("OS"))                         # 当前系统名称
```

程序运行结果如下：

```
Windows_NT
```

快学快用 7 读取当前系统位数

读取 PROCESSOR_ARCHITECTURE 环境变量，可以获得当前处理器的架构。其中，64 位用 AMD64 表示，32 位用 x86 表示，可以根据这两种值判断系统位数。代码如下：

```
import os
digits = os.getenv("PROCESSOR_ARCHITECTURE")   # 读取当前处理器架构
if digits == "AMD64":
    print("64位系统")
elif digits == "x86":
    print("32位系统")
else:
    print("无法识别系统位数")
```

程序运行结果如下：

```
64位系统
```

快学快用 8 读取当前 Windows 账户名

```
import os
print(os.getenv("USERNAME"))                   # 当前Windows账户名
```

程序运行结果如下：

```
Administrator
```

快学快用 9 判断某个环境变量是否存在

如果 getenv() 方法无法获取某个环境变量，就会返回 None，由此可以判断系统中是否存在某个环境变量。代码如下：

```
import os
value = os.getenv("mr")                        # 尝试获取名为“mr”的环境变量
if value is None:                              # 如果没有这个环境变量
    print("系统不存在%s环境变量" % value)
else:
    print("mr = " + value)
```

程序运行结果如下：

```
系统不存在None环境变量
```

快学快用 10 在环境变量里没有 Python 目录时读取指定的目录

有些用户安装 Python 解释器时没有让其自动设置环境变量，用户需要后期手动在环境变量里设置 Python 解释器的路径。Python 解释器的环境变量名称通常叫作“python_home”“python_path”“pythonhome”等。如果程序不知道系统安装的 Python 解释器在什么位置，也不知道用户是否设置了“python_home”这个环境变量，但程序知道计算机中另一个版本的 Python 解释器所在的位置，这种情况下就可以通过 getenv() 方法的第二个参数来设置读取的默认值，可以达到“如果找不到环境变量里记录的路径，就使用另一个路径”的目的。代码如下：

```
import os
# 尝试读取python_home环境变量，如果python_home不存在，则返回第二个参数值
python_h = os.getenv("python_home", "C:\\Program Files\\Python")
print("Python解释器的路径为：" + python_h)
```

程序运行结果如下：

```
Python解释器的路径为：C:\Program Files\Python
```

2.2 environ 属性——获取当前环境变量的值（字符串）

快用标签 environ newvar TEMP WORKON_HOME PATHEXT SYSTEMROOT LOGONSERVER

最常用 os.environ[' ']

关键代码段

```
print(os.environ)                              # 获取当前操作系统的环境变量的映射对象【快1】
os.environ[newvar] = r'C:\Java\jdk1.8.0_181'   # 创建环境变量【快2】
os.environ['WORKON_HOME']="test"               # 设置环境变量【快3】
print(os.environ['HOMEPATH'])                  # 当前用户主目录【快4】
print(os.environ['TEMP'])                      # 临时目录路径【快5】
print(os.environ['PATHEXT'])                   # 可执行文件【快6】
print(os.environ['SYSTEMROOT'])                # 系统主目录【快7】
print(os.environ['LOGONSERVER'])               # 机器名【快8】
```

➔ 语法

os 模块的 environ 属性用于返回以字符串表示的当前操作系统的环境变量的值。语法如下：

```
os.environ
```

参数说明：

❖ 返回值：返回字符串，表示当前环境变量的值。

说明： os.environ[]、os.getenv() 和 os.environ.get() 方式，这三者都是获取环境变量键对的值的方法，它们的区别如下：1. os.environ[] 表示的是一个 dict 型的数据，比如 os.environ['APPDATA'] 就表示 'APPDATA' 这个 key 键对的值。但如果 key 不存在，会报错，比如 os.environ['1234'] 就会报错。 2. os.getenv() 是一个函数，如果不存在就会返回 None，不会返回异常。

➔ 应用

快学快用 1 获取当前环境变量的映射对象

获取当前操作系统的环境变量的映射对象，代码如下：

```
import os                # 导入文件与操作系统相关模块
print(os.environ)        # 获取当前操作系统的环境变量的映射对象
```

在 Windows 10 操作系统中运行程序，结果如下：

```
environ({'ALLUSERSPROFILE': 'C:\\ProgramData', 'APPDATA': 'C:\\Users\\Administrator\\AppData\\Roaming', 'COMMONPROGRAMFILES': 'C:\\Program Files\\Common Files', 'COMMONPROGRAMFILES(X86)': 'C:\\Program Files (x86)\\Common Files', 'COMMONPROGRAMW6432': 'C:\\Program Files\\Common Files', 'COMPUTERNAME': 'SC-201809251151', 'COMSPEC': 'C:\\WINDOWS\\system32\\cmd.exe', 'DRIVERDATA':
......   此处省略了部分信息
'TMP': 'C:\\Users\\ADMINI~1\\AppData\\Local\\Temp', 'USERDOMAIN': 'SC-201809251151',
'USERDOMAIN_ROAMINGPROFILE': 'SC-201809251151', 'USERNAME': 'Administrator', 'USERPROFILE':
'C:\\Users\\Administrator', 'WINDIR': 'C:\\WINDOWS'})
```

快学快用 2 创建环境变量

先输出指定环境变量的值，并且应用 try…except 语句捕获异常，如果出现异常则说明还没有该环境变量。再创建该环境变量，并且输出创建后的环境变量的值。代码如下：

```
import os                                          # 导入文件与操作系统相关模块
newvar = 'JAVA_HOME'                               # 环境变量名称
try:
    print(newvar+'已经存在！值为：')
    print(os.environ[newvar])                      # 输出环境变量的值
except:
    os.environ[newvar] = r'C:\Java\jdk1.8.0_181'   # 创建环境变量
    print(os.environ[newvar])                      # 输出环境变量的值
```

在 Windows 10 操作系统中运行程序，如果当前系统中不存在名称为“JAVA_HOME”的环境变量，将创建它并且输出它的值。结果如下：

```
C:\Java\jdk1.8.0_181
```

如果当前系统中，如果已经存在名称为“JAVA_HOME”的环境变量，则给出提示并且输出它的值。结果如下：

```
JAVA_HOME已经存在！值为：
C:\Java\jdk1.8.0_181
```

快学快用 3　设置环境变量

利用 environ() 方法设置环境变量，再用 getenv() 方法获取环境变量，代码如下：

```
import os
os.environ['WORKON_HOME']="test"                   # 设置环境变量
print(os.getenv('WORKON_HOME'))                    # 获取环境变量
```

运行结果如下：

```
test
```

快学快用 4　获取当前用户主目录

利用 environ() 方法获取当前用户主目录，代码如下：

```
import os
print(os.environ['HOMEPATH'])                      # 当前用户主目录
```

运行结果如下：

```
\Users\LJJ
```

快学快用 5　获取临时目录路径

利用 environ() 方法获取临时目录路径，代码如下：

```
import os
print(os.environ['TEMP'])                          # 临时目录路径
```

运行结果如下：

```
C:\Users\LJJ\AppData\Local\Temp
```

快学快用 6 获取可执行文件

利用 environ() 方法获取可执行文件，代码如下：

```
import os
print(os.environ['PATHEXT'])                          # 可执行文件
```

运行结果如下：

```
.COM;.EXE;.BAT;.CMD;.VBS;.VBE;.JS;.JSE;.WSF;.WSH;.MSC
```

快学快用 7 获取系统主目录

利用 environ() 方法获取系统主目录，代码如下：

```
import os
print(os.environ['SYSTEMROOT'])                       # 系统主目录
```

运行结果如下：

```
C:\Windows
```

快学快用 8 获取机器名

利用 environ() 方法获取机器名，代码如下：

```
import os
print(os.environ['LOGONSERVER'])                      # 机器名
```

运行结果如下：

```
\\DESKTOP-QM9GUAL
```

2.3 environb 属性——获取当前环境变量的值（字节）

快用标签 os.supports_bytes_environ os.environb

最常用 os.environb

关键代码段

```
if  os.supports_bytes_environ:                # 【快1】
    print(os.environb)                        # 获取以字节串表示的当前环境变量的映射对象
else:
    print('当前系统不支持os.environb属性！')
```

➔ 语法

os 模块的 environb 属性用于返回以字节表示的当前操作系统的环境变量的值。语法如下：

```
os.environb
```

参数说明：

❖ 返回值：返回字节串，表示当前环境变量的值。

说明： os 模块的 environb 属性需要当 os.supports_bytes_environ 属性值为 True 时方可用。

➔ 应用

快学快用 1　获取以字节串表示的当前环境变量的映射对象

判断当前系统的 supports_bytes_environ 属性值是否为真，如果为真，则获取以字节表示的当前系统的环境变量的映射对象并输出；否则输出"当前系统不支持 os.environb 属性！"提示。代码如下：

```
import os                    # 导入文件与操作系统相关模块
if os.supports_bytes_environ:
    print(os.environb)       # 获取以字节串表示的当前环境变量的映射对象
else:
    print('当前系统不支持os.environb属性！')
```

在 Windows 10 操作系统中运行程序，结果如下：

```
当前系统不支持os.environb属性！
```

在 Linux 操作系统中运行程序，结果如下：

```
environ({b'LS_COLORS': b'rs=0:di=01;34:ln=01;36:mh=00:pi=40;33:so=01;35:do=01;35:bd=40;33;01:cd=40;33;01:or=40;31;01:mi=00:su=37;41:sg=30;43:ca=30;41:tw=30;42:ow=34;42:st=37;44:ex=01;32:*.tar=01;31:*.tgz=01;31:*.arc=01;31:*.arj=01;31:*.taz=01;31:*.lha=01;31:*.lz4=01;31:
……    此处省略了部分信息
/mnt/c/python/redis:/mnt/c/python/Python37/Scripts:/mnt/c/python/Python37:/mnt/c/Users/Administrator/AppData/Local/Microsoft/WindowsApps:/snap/bin', b'WSLENV': b'', b'LESSOPEN': b'| /usr/bin/lesspipe %s', b'_': b'/usr/bin/python3'})
```

快学快用 2　获取 Windows 系统当前环境变量的映射对象出现的异常

利用 environb 属性获取 Windows 系统当前环境变量的映射对象，代码如下：

```
import os               # 导入文件与操作系统相关模块
print(os.environb)      # 获取以字节串表示的当前环境变量的映射对象
```

Windows 10 操作系统无法获取当前环境变量的映射，会出现异常，异常信息如下：

```
AttributeError: module 'os' has no attribute 'environb'
```

说明： os 模块的 environb 属性不能在 Windows 系统中使用。

第3章 进程操作

3.1 times() 方法——返回当前的全局进程时间

快用标签 os.times() times.user times.system times.children_user times.children_system times.elapsed

最常用 os.times()

关键代码段

```
times = os.times()                                          # 返回当前的全局进程时间【快1】
print('用户时间：',times.user,'速度挺快哟，赞赞赞')            # 速度在0~1秒之间，提示信息【快2】
print('系统时间是：',times.system,'好系统，跑得快')            # 速度在0~1秒之间，提示信息【快3】
# 返回自过去的固定点以来经过的实时时间【快4】
print('Windows系统的自过去的固定点以来经过的实时时间是:',times.elapsed)
```

➔ 语法

os 模块的 times() 方法用于返回当前的全局进程时间。语法格式如下：

```
os.times()
```

参数说明：

❖ 返回值：times_result 对象，用于记录当前的全局进程时间。其中包括如表 3.1 所示的 5 个属性。

表 3.1 times() 方法返回值的 5 个属性说明

属　性	说　明	注　意
user	用户时间	
system	系统时间	
children_user	所有子进程的用户时间	在 Windows 系统中未知，值为 0
children_system	所有子进程的系统时间	在 Windows 系统中未知，值为 0
elapsed	自过去的固定点以来经过的实时时间	在 Windows 系统中未知，值为 0

应用

快学快用 1 获取当前的全局进程时间

获取当前的全局进程时间并输出，代码如下：

```
import os                          # 导入文件与操作系统相关模块
times = os.times()                 # 返回当前的全局进程时间
print(times)                       # 返回当前的全局进程时间
```

在 Windows 10 系统中，程序运行结果如下：

```
nt.times_result(user=0.078125, system=0.109375, children_user=0.0, children_system=0.0,
elapsed=0.0)
```

快学快用 2 获取用户时间

获取用户时间并输出，代码如下：

```
import os                                                   # 导入文件与操作系统相关模块
times = os.times()                                          # 返回当前的全局进程时间
if 0 < times.user < 1:                                      # 判断用户时间
    print('用户时间：',times.user,'速度挺快哟，赞赞赞')     # 速度在0~1秒之间，提示信息
else:
    print('速度太慢了，等到花儿都谢了')                     # 提示信息速度慢
```

程序运行结果 1 如下：

```
用户时间： 0.015625 速度挺快哟，赞赞赞
```

或者

程序运行结果 2 如下：

```
速度太慢了，等到花儿都谢了
```

快学快用 3 获取系统时间

获取系统时间并输出，代码如下：

```
import os                                                   # 导入文件与操作系统相关模块
times = os.times()                                          # 返回当前的全局进程时间
if times.system<1:                                          # 判断用户时间
    print('系统时间是：',times.system,'好系统，跑得快')     # 速度在0~1秒之间，提示信息
else:
    print('你是胖猪嘛，这么慢')                             # 提示信息速度慢
```

程序运行结果如下：

```
系统时间是：0.015625好系统，跑得快
```

快学快用 4 获取自过去的固定点以来经过的实时时间

获取**自过去的固定点**以来经过的**实时时间**并输出，代码如下：

```
import os                                    # 导入文件与操作系统相关模块
times = os.times()                           # 返回当前的全局进程时间
if times.elapsed==0:
    # 返回自过去的固定点以来经过的实时时间
    print('Windows系统的自过去的固定点以来经过的实时时间是:',times.elapsed)
else:
    print('Windows系统存在值')
```

程序运行结果如下：

```
Windows系统的自过去的固定点以来经过的实时时间是: 0.0
```

说明： times. elapsed() 方法的在 Windows 系统未知，因此返回的值是 0。

3.2 _exit() 方法——退出指定状态的进程

快用标签 os._exit(1) readline() open() close() range()

最常用 os._exit(n)，n 表示状态码

关键代码段

```
f=open('test.txt','r')                # 打开文件【快3】
line = f.readline()                   # 读取文件一行内容
print(line)                           # 输出一行内容
os._exit(0)                           # 退出程序
f.close()                             # 关闭文件【快3】
```

语法

os 模块的 _exit() 方法用于退出状态为 n 的进程。语法如下：

```
os._exit(n)
```

参数说明：

- n：用于指定状态码。
- 返回值：无。

➔ 应用

快学快用 1　重新启动 Python Shell

重新启动 Python Shell，代码如下：

```
import os                                   # 导入文件与操作系统相关模块
print('重新启动前')
os._exit(1)                                 # 重新启动Python Shell
print('重新启动后')
```

程序运行结果如下：

```
重新启动前

=============================== RESTART: Shell ===============================
```

说明：在执行 _exit() 方法后，它下面的代码都将不会执行。

快学快用 2　模拟 1~10 查数

使用 _exit() 方法模拟 1~10 查数，在查到数字 8 的时候，就去做其他事情。代码如下：

```
import os                                   # 导入文件与操作系统相关模块
for i in range(1,10):                       # 遍历1~10数字
    if i==8:                                # 遍历到数字8时
        os._exit(1)                         # 跳出程序，不再执行程序
    print(i)                                # 输出结果
```

程序运行结果如下：

```
1
2
3
4
5
6
7
```

快学快用 3　读取文件时正常退出程序

创建一个 test.txt 文件，并写入内容 a==1，b==2（分两行写），读取此文件，代码如下：

```
import os
try:
    f=open('test.txt','r')                  # 打开文件
    line = f.readline()                     # 读取文件一行内容
    print(line)                             # 输出一行内容
    os._exit(0)                             # 退出程序
```

```
except Exception :
    print('到此结束')                              # 提示信息
    f.close()                                     # 关闭文件
```

程序运行结果如下：

```
a==1
```

3.3 abort() 方法——发送一个程序请求异常终止信号

快用标签 os.abort()　　input()

最常用 os.abort()

关键代码段

```
os.abort()                                  # 发送一个程序请求异常终止信号【快1】
i=int(input("请输入数字："))                  # 输入数字【快2】
```

➔ 语法

os 模块的 abort() 方法用于向调用该方法的进程发送一个程序请求异常终止（SIGABRT）信号。语法如下：

```
os.abort()
```

参数说明：

❖ 返回值：无。

说明： 在 Unix 系统中，默认行为是生成核心转储；在 Windows 系统中，该进程立即返回退出代码 3。

➔ 应用

快学快用 1　发送一个程序请求异常终止信号

发送一个程序请求异常终止信号，代码如下：

```
import os                                   # 导入文件与操作系统相关模块
os.abort()                                  # 发送一个程序请求异常终止信号
```

在 Windows 10 系统中的 IDLE 中运行上面的代码，在 IDLE 中显示以下内容：

```
================================ RESTART: Shell ================================
```

快学快用 2　判断请求是否执行

利用 if…else 语句判断输入的数字是否请求异常终止信号。输入数字 3，代表请求异常终止信号，代码如下：

```
import os                                   # 导入文件与操作系统相关模块
while True:
    i=int(input("请输入数字："))             # 输入数字
    if i==3:                                # 输入数字是3
        os.abort()                          # 请求异常终止信号
        print("请求异常终止信号")
    else:                                   # 输入数字不是3
        print("程序正常运行")                # 提示正常运行
```

在 Windows 10 系统中的 IDLE 中运行上面的代码，显示以下内容：

```
请输入数字：2
程序正常运行
请输入数字：3

================================ RESTART: Shell ================================
```

3.4 getpid() 方法——获取当前进程 ID

最常用　os.getpid()

关键代码段

```
if os.getpid()<100 and os.getpid()>0:              # 进程ID在0~100之间【快2】
print("当前进程号是:",os.getpid(),"我是A进程，Follw me，加油干!!!")
elif os.getpid() < 1000 and os.getpid() > 100:     # 进程ID在100~1000之间
    print("当前进程号是:", os.getpid(), "我是B进程，加油，今天又是元气满满~~")
elif os.getpid() < 10000 and os.getpid() > 1000:   # 进程ID在1000~10000之间
    print("当前进程号是:", os.getpid(), "我是C进程，伙计们，起床干活啦--")
else:
    print("当前进程号是:", os.getpid(),"我太累了，休息一会")
```

➔ 语法

os 模块的 getpid() 方法用于获取当前进程 ID。语法如下：

```
os.getpid()
```

参数说明：

❖ 返回值：当前进程 ID。

➔ 应用

快学快用 1 获取当前进程 ID

获取当前进程 ID，代码如下：

```
import os                                                      # 导入文件与操作系统相关模块
print(os.getpid())                                             # 获取当前进程ID
```

程序运行结果如下：

```
7096
```

说明： 由于当前进程经常改变，所以获得的进程 ID 也会不同。

快学快用 2 获取当前是哪个进程

```
import os                                                      # 导入文件与操作系统相关模块
if os.getpid()<100 and os.getpid()>0:                          # 进程ID在0~100之间
print("当前进程号是:",os.getpid(),"我是A进程，Follw me，加油干!!!")
elif os.getpid() < 1000 and os.getpid() > 100:                 # 进程ID在100~1000之间
    print("当前进程号是:", os.getpid(), "我是B进程，加油，今天又是元气满满~~")
elif os.getpid() < 10000 and os.getpid() > 1000:               # 进程ID在1000~10000之间
    print("当前进程号是:", os.getpid(), "我是C进程，伙计们，起床干活啦--")
else:
    print("当前进程号是:", os.getpid(),"我太累了，休息一会")
```

程序运行结果如下：

```
当前进程号是: 4824 我是C进程，伙计们，起床干活啦--
```

3.5 getppid() 方法——获取父进程 ID

最常用 os.getppid( )

关键代码段

```
print(os.getppid( ))                                           # 获取父进程ID【快1】
# 获取子线程和父线程ID【快2】
print("我是子进程，我的进程号是%d 我的父亲进程是%d"%(os.getpid(),os.getppid()))
```

➔ 语法

os 模块的 getppid() 方法用于获取父进程 ID。语法如下：

```
os.getppid()
```

参数说明：

- 返回值：返回当前进程的父进程 ID。当父进程已经结束，在 Unix 系统中返回的 ID 是初始进程（1）中的一个；在 Windows 系统中仍然是同一个进程 ID，该进程 ID 有可能已经被运行进程所占用。

应用

快学快用 1　获取父进程 ID

获取父进程 ID，代码如下：

```
import os                          # 导入文件与操作系统相关模块
print(os.getppid( ))               # 获取父进程ID
```

程序运行结果如下：

```
11480
```

快学快用 2　同时获取父进程和子进程

```
import os
print("老王")
# 获取子进程和父进程ID
print("我是子进程，我的进程号是%d 我的父进程是%d"%(os.getpid(),os.getppid()))
```

程序运行结果如下：

```
老王
我是子进程，我的进程号是13880 我的父进程是9620
```

3.6 kill() 方法——杀死进程

最常用　os.kill(pid,sig)，其中 pid 表示要杀死的进程 ID；sig 用来指定退出代码。

关键代码段

```
os.kill(os.getpid(),9)                # 杀死当前进程【快1】
print("进程号是：",os.getpid())        #【快3】
os.kill(os.getpid(),i)                # 杀死当前进程【快3】
os.kill(os.getppid(),2)               # 杀死父进程【快2】
```

➔ 语法

os 模块的 kill() 方法用于杀死进程，并且将 sig 作为退出代码。语法如下：

```
os.kill(pid,sig)
```

参数说明：

- pid：用于指定当前进程 ID，可以使用 os.getpid() 方法获取。
- sig：用于指定退出代码。
- 返回值：无。

➔ 应用

快学快用 1　杀死当前进程

杀死当前进程，并将 9 作为退出代码，代码如下：

```
import os                          # 导入文件与操作系统相关模块
os.kill(os.getpid(),9)             # 杀死当前进程
```

运行上面的代码，将重新启动 Python Shell，并且在 IDLE 中显示以下内容：

```
================================ RESTART: Shell ================================
```

快学快用 2　杀死父进程

杀死父进程，并将数字 2 作为退出代码，代码如下：

```
import os                          # 导入文件与操作系统相关模块
os.kill(os.getppid(),2)            # 杀死父进程
```

说明：此程序在 IDLE 中运行，用 F5 运行之后，会自动退出 IDLE。

快学快用 3　杀死获取的进程

利用 os.getpid() 方法获取进程 ID，用户输入指定退出代码，再利用 kill() 方法杀死此进程，代码如下：

```
import os                          # 导入文件与操作系统相关模块
print("进程号是：",os.getpid())
i=int(input("请输入想要杀死进程的指定退出代码："))
os.kill(os.getpid(),i)             # 杀死当前进程
print("此处有毒，已杀死")
```

运行上面的代码，将重新启动 Python Shell，并且在 IDLE 中显示以下内容：

```
进程号是： 13276
请输入想要杀死进程的指定退出代码：2
================================ RESTART: Shell ================================
```

第4章 其他系统相关操作

4.1 strerror() 方法——根据错误码返回错误信息

快用标签 os.strerror() input() int() range()

最常用 os.strerror(code)，code 用于指定错误码。

关键代码段

```
print('错误码 2对应的错误信息：',os.strerror(2))        # 错误码2对应的错误信息【快1】
no = int(input('请输入错误码：'))                        # 输入错误码【快1】
for i in range(1,21):                                    #【快2】
```

➔ 语法

os 模块的 strerror() 方法用于根据指定的错误码返回错误信息。语法如下：

```
os.strerror(code)
```

参数说明：

❖ code：一个整数值，用于指定错误码。

❖ 返回值：字符串类型的错误信息。如果输入未知错误码，则返回 Unknown error 异常。

说明：在某些平台上，当给出未知错误码时，strerror() 方法将返回 NULL 并会引发 ValueError 异常。

➔ 应用

快学快用 1 输出指定错误码对应的错误信息

输出错误码 2 和 10 对应的错误信息，代码如下：

```
import os                                          # 导入文件与操作系统相关模块
print('错误码 2对应的错误信息：',os.strerror(2))    # 错误码2对应的错误信息
```

```
print('错误码 10对应的错误信息：',os.strerror(10))    # 错误码10对应的错误信息
no = int(input('请输入错误码：'))                    # 输入错误码
# 获取并输出输入的错误码对应的错误信息
print('错误码%d对应的错误信息：%s'%(no,os.strerror(no)))
```

程序运行结果如下：

```
错误码 2对应的错误信息： No such file or directory
错误码 10对应的错误信息： No child processes
请输入错误码：30
错误码30对应的错误信息：Read-only file system
```

快学快用 2　列出 20 以内的全部错误码对应的错误信息

通过循环输出 20 以内的全部错误码对应的错误信息，代码如下：

```
import os                                          # 导入文件与操作系统相关模块
for i in range(1,21):
    print('错误码 %d：' %i,os.strerror(i))          # 输出错误码对应的错误信息
```

程序运行结果如下：

```
错误码 1： Operation not permitted
错误码 2： No such file or directory
错误码 3： No such process
错误码 4： Interrupted function call
错误码 5： Input/output error
错误码 6： No such device or address
错误码 7： Arg list too long
错误码 8： Exec format error
错误码 9： Bad file descriptor
错误码 10： No child processes
错误码 11： Resource temporarily unavailable
错误码 12： Not enough space
错误码 13： Permission denied
错误码 14： Bad address
错误码 15： Unknown error
错误码 16： Resource device
错误码 17： File exists
错误码 18： Improper link
错误码 19： No such device
错误码 20： Not a directory
```

4.2 supports_bytes_environ 属性——判断原生环境是否为字节型

关键代码段

```
print('当前系统的原生环境类型是否为字节型：',os.supports_bytes_environ) #【快1】
```

语法

os 模块的 supports_bytes_environ 属性用于获取操作系统上原生环境类型是否为字节型。语法如下：

```
os.supports_bytes_environ
```

参数说明：

- 返回值：如果操作系统的原生环境类型为字节型，则返回 True，否则返回 False。Windows 系统返回 False。

应用

快学快用 1　判断当前系统的原生环境类型是否为字节型

判断当前系统的原生环境类型是否为字节型，代码如下：

```
import os                                             # 导入文件与操作系统相关模块
print('当前系统的原生环境类型是否为字节型：',os.supports_bytes_environ)
```

在当前系统中的输出结果如下：

```
当前系统的原生环境类型是否为字节型： False
```

快学快用 2　判断当前系统是否为 Windows 系统

判断当前系统是否为 windows 系统，代码如下：

```
import os                                             # 导入文件与操作系统相关模块
if os.supports_bytes_environ:                         # 原生环境类型是字节型
    print('当前系统不是Windows系统')                  # 则不是Windows系统
else:                                                 # 原生环境类型不是字节型
    print('当前系统是Windows系统')                    # 则是Windows系统
```

程序运行结果如下：

```
当前系统是Windows系统
```

4.3 urandom() 方法——生成随机字节字符串

快用标签 os.urandom() base64 b64encode() range() not in

最常用 os.urandom(size)，size 用来指定要生成的字节数。

关键代码段

```
print(os.urandom(10))                # 生成10个字节的随机数【快1】
import base64                        # 导入进行base64编码和解码的模块【快2】
print(base64.b64encode(key))         # 进行base64编码【快2】
result = {}                          # 保存生成的随机数的字典【快3】
for i in range(10000):               # 【快3】
if bc not in result:                 # 当不重复时【快3】
```

➔ 语法

os 模块的 urandom() 方法用于返回一串指定大小的随机字节字符串，可以作为随机加密的 Key 使用。语法如下：

```
os.urandom(size)
```

参数说明：

❖ size：整型数值，用于指定要生成的字节数。

❖ 返回值：生成的随机字节字符串。

说明： 使用 urandom() 方法返回的数据应该是不可预测的，所以就有可能出现重复的随机数。适当调高字节数，可以减少重复的机率。

➔ 应用

快学快用 1 生成多个随机字节字符串

生成多个长度为 10 字节的随机字符串并输出，代码如下：

```
import os                   # 导入文件与操作系统相关模块
print(os.urandom(10))       # 生成10个字节的随机数
print(os.urandom(10))       # 生成10个字节的随机数
print(os.urandom(10))       # 生成10个字节的随机数
```

程序运行结果如下：

```
b"[\x02\x14\x8c.'<40Q"
b'/P3\r\xa2\xd0\x81\xe2\xde#'
b'\xab\\(\xe6\xea\x94\x9fY\x9f\x1c'
```

快学快用 2　生成可作为软件序列号的随机字符串

结合 base64 模块生成一串可作为软件序列号的随机字符串，代码如下：

```
import os                              # 导入文件与操作系统相关模块
import base64                          # 导入进行base64编码和解码的模块
key = os.urandom(32)
print(base64.b64encode(key))           # 进行base64编码
```

程序运行结果如下：

```
b'ULD6HdxNVFutkPSn3mM2dJH7VEgH2y4BcfscbG5mLUc='
```

快学快用 3　验证 urandom() 方法在不同长度时重复的概率

编写一个重复 10000 次的循环，生成指定长度的随机数，判断重复的次数。代码如下：

```
import os                              # 导入文件与操作系统相关模块
import base64                          # 导入进行base64编码和解码的模块
result = {}                            # 保存生成的随机数的字典
number = 0                             # 记录重复次数
for i in range(10000):
    bc = base64.b64encode(os.urandom(3))  # 指定长度为3
    if bc not in result:               # 当不重复时
        result[bc] = 1                 # 添加到字典中
    else:
        number +=1                     # 重复次数加1
print('重复%d次'%number)
```

运行上面的代码，可能会显示以下结果：

```
重复3次
```

如果将上面的 os.urandom(3) 中的 3 修改为 10 后，再次运行，可能会显示以下结果：

```
重复0次
```

如果将上面的 os.urandom(3) 中的 3 修改为 2 后，再次运行，可能会显示以下结果：

```
重复763次
```

说明： 从上面的运行结果可以看出，适当调整字节长度，可以缩小重复机率。

4.4 set_handle_inheritable() 方法——设置句柄可继承标志

快用标签 os.set_handle_inheritable() open() fileno() os.get_handle_inheritable()

最常用 os.set_handle_inheritable(handle,inheritable)，其中 handle 用来指定文件的句柄；inheritable 用来设置可继承的标志，可以为 Ture 或者 False。

关键代码段

```
r,w = os.pipe()                              # 创建用于读写的文件描述符【快1】
os.set_handle_inheritable( w ,True)          # 设置指定句柄的可继承标志
```

语法

os 模块的 set_handle_inheritable() 方法用于设置句柄的可继承标志。语法如下：

```
os.set_handle_inheritable(handle,inheritable)
```

参数说明：

- handle：指定文件的句柄。
- inheritable：布尔值，如果设置为可继承，则使用 True；否则使用 False。

应用

快学快用 1 设置句柄的可继承标志

获取一个文本文件的句柄，并且设置句柄的可继承标志为 True，再获取该句柄的可继承标志并输出。代码如下：

```
import os                                      # 导入文件与操作系统相关模块
r,w = os.pipe()                                # 创建用于读写的文件描述符
os.set_handle_inheritable( w ,True)            # 设置指定句柄的可继承标志
print(os.get_handle_inheritable( handle))      # 获取指定句柄的可继承标志
```

程序运行结果如下：

```
True
```

快学快用 2 设置句柄的不可继承标志

获取一个文本文件的句柄，并且设置句柄的可继承标志为 False，再获取该句柄的可继承标志并

输出。代码如下：

```
import os                                        # 导入文件与操作系统相关模块
r,w = os.pipe()                                  # 创建用于读写的文件描述符
os.set_handle_inheritable( w ,False)             # 设置指定句柄的不可继承标志
print(os.get_handle_inheritable( handle))        # 获取指定句柄的可继承标志
```

程序运行结果如下：

```
False
```

4.5 get_handle_inheritable() 方法——获取句柄可继承标志

快用标签 os.get_handle_inheritable　open()　fileno()

最常用 os.get_handle_inheritable(handle)，其中 handle 用来获取文件句柄，通常使用文件对象的 fileno() 方法获取。

关键代码段

```
handle = open(r'test.txt' ,'r').fileno()          # 获取文件的句柄【快1】
print(os.get_handle_inheritable( handle))         # 获取指定句柄的可继承标志
```

语法

os 模块的 get_handle_inheritable() 方法用于获取指定句柄的可继承标志（布尔值）。语法如下：

```
os.get_handle_inheritable(handle)
```

- handle：指定文件的句柄。
- 返回值：布尔值，值为 True 表示可继承；值为 False 表示不可继承。

应用

快学快用 1　获取句柄的可继承标志

获取一个文本文件的句柄，并且获取该句柄的可继承标志再输出。代码如下：

```
import os                                        # 导入文件与操作系统相关模块
handle = open(r'test.txt' ,'r').fileno()          # 获取文件的句柄
print(os.get_handle_inheritable( handle))        # 获取指定句柄的可继承标志
```

程序运行结果如下：

```
False
```

快学快用 2　判断获取句柄是否为可继承标志

获取一个文本文件的句柄，判断获取该句柄是否为可继承标志。代码如下：

```
import os                                          # 导入文件与操作系统相关模块
handle = open(r'test.txt' ,'r').fileno()       # 获取文件的句柄
if os.get_handle_inheritable( handle):             # 判断指定句柄的可继承标志为True
    print("此句柄是可继承标志")
else:                                              # 判断指定句柄的可继承标志为False
    print("此句柄是不可继承标志")
```

程序运行结果如下：

```
此句柄是不可继承标志
```

4.6 set_inheritable() 方法——设置文件描述符的可继承标志

快用标签　os.set_inheritable()　os.get_inheritable()　os.open()　O_RDWR　os.close()

最常用　os.set_inheritable(fd,inheritable)，其中 fd 表示文件描述符；inheritable 表示要设置的可继承标志，可以为 Ture 或者 False。

关键代码段

```
fd = os.open(r'test.txt', os.O_RDWR)                # 打开文件描述符【快1】
os.set_inheritable(fd,True)                          # 设置fd可继承
print(os.get_inheritable(fd))                        # 输出fd是否可继承
os.close(fd)                                         # 关闭文件描述符
```

➔ 语法

os 模块的 set_inheritable() 方法用于设置指定文件描述符的 inheritable（可继承）标志。语法如下：

```
os.set_inheritable(fd,inheritable)
```

参数说明：

- fd：打开的文件描述符，也就是通过 os.open() 或者 pipe() 方法返回的对象。
- inheritable：布尔值，如果设置为可继承，则使用 True；否则使用 False。

应用

快学快用 1 设置文件描述符的可继承标志

打开文件描述符并设置为可继承，再调用 get_inheritable() 方法输出可继承标志。代码如下：

```
import os                                       # 导入文件与操作系统相关模块
fd = os.open(r'test.txt', os.O_RDWR)            # 打开文件描述符
os.set_inheritable(fd,True)                     # 设置fd可继承
print(os.get_inheritable(fd))                   # 输出fd是否可继承
os.close(fd)                                    # 关闭文件描述符
```

程序运行结果如下：

```
True
```

快学快用 2 设置文件描述符的不可继承标志

打开文件描述符并设置为不可继承，再调用 get_inheritable() 方法输出不可继承标志。代码如下：

```
import os                                       # 导入文件与操作系统相关模块
fd = os.open(r'test.txt', os.O_RDWR)            # 打开文件描述符
os.set_inheritable(fd,False)                    # 设置fd不可继承
print(os.get_inheritable(fd))                   # 输出fd是否可继承
os.close(fd)                                    # 关闭文件描述符
```

程序运行结果如下：

```
False
```

4.7 get_inheritable() 方法——获取文件描述符的可继承标志

快用标签 os.get_inheritable()　os.open()　O_RDWR　os.close()

最常用 os.get_inheritable(fd)，fd 表示文件描述符。

关键代码段

```
fd = os.open(r'test.txt', os.O_RDWR)            # 打开文件描述符【快1】
print(os.get_inheritable( fd ))                 # 输出fd是否可继承
os.close(fd)                                    # 关闭文件描述符
```

➔ 语法

os 模块的 get_inheritable() 方法用于获取指定文件描述符的 inheritable（可继承）标志。语法如下：

```
os.get_inheritable(fd)
```

参数说明：

- fd：打开的文件描述符，也就是通过 os.open() 或者 pipe() 方法返回的对象。
- 返回值：布尔值，为 True 表示可继承；为 False 表示不可继承。

➔ 应用

快学快用 1　获取文件描述符的可继承标志

获取文件描述符的可继承标志并输出，代码如下：

```
import os                                      # 导入文件与操作系统相关模块
fd = os.open(r'test.txt', os.O_RDWR)           # 打开文件描述符
print(os.get_inheritable( fd ))                # 输出fd是否可继承
os.close(fd)                                   # 关闭文件描述符
```

程序运行结果如下：

```
False
```

快学快用 2　判断文件描述符是否为可继承标志

判断文件描述符是否为可继承标志并输出，代码如下：

```
import os                                      # 导入文件与操作系统相关模块
fd = os.open(r'test.txt', os.O_RDWR)           # 打开文件描述符
if os.get_inheritable( fd ):                   # 判断文件描述符的可继承标志为True
    print("此文件描述符是可继承标志")
else:                                          # 判断文件描述符的可继承标志为False
    print("此文件描述符是不可继承标志")
os.close(fd)                                   # 关闭文件描述符
```

程序运行结果如下：

```
此文件描述符是不可继承标志
```

02

sys模块——系统相关的属性和方法

sys模块提供访问Python解释器使用或维护的属性，并与Python解释器进行交互的方法。简单来讲，sys模块负责程序与Python解释器的交互，并提供了一系列的属性和方法，用于操控Python运行时的环境。

第5章 标准输入流与输出流

5.1 stdin 属性——Python 程序的标准输入流

快用标签 sys.stdin split() float() str()

最常用 for line in sys.stdin 遍历标准输入流中的所有内容。

关键代码段

```
for line in sys.stdin:                    # 使用sys.stdin读取标准输入流【快1】
    if line == '\n':                      # 如果用户什么都没有输入，直接按下回车
        break                             # 终止for循环
name, sex, height, weight = (x for x in line.split()) # 使用空格分隔用户输入
```

语法

stdin 属性被定义在 sys 模块中，用作 Python 程序的标准输入流，进而实现用户和 Python 程序之间的交互。语法如下：

```
sys.stdin
```

sys.stdin 提供了 read() 方法和 readline() 方法，这两个方法的说明如表 5.1 所示。

表 5.1 read() 方法和 readline() 方法及其说明

sys.stdin 提供的方法	说明
read()	读取标准输入流中的前 n 个字符
readline()	读取全部的标准输入流

应用

快学快用 1 使用 sys.stdin 读取多个字符串

先使用 sys.stdin 读取用户输入的姓名、性别、身高和体重，输入的姓名、性别、身高和体重要用空格分隔开，再分别输出用户输入的姓名、性别、身高和体重。代码如下：

```
import sys
print('请输入姓名、性别、身高和体重（每一项用空格隔开）：') # 输出提示信息
for line in sys.stdin:                          # 使用sys.stdin读取标准输入流
    if line == '\n':                            # 如果用户什么都没有输入直接按下<Enter>键
        break                                   # 终止for循环
    # 使用空格将用户输入的姓名、性别、身高和体重分隔开
    name, sex, height, weight = (x for x in line.split())
    print('姓名：' + str(name))
    print('性别：' + str(sex))
    print('身高（CM）：' + str(height))
    print('体重（KG）：' + str(weight))
    break                                       # 终止for循环
```

程序运行结果如下：

```
请输入姓名、性别、身高和体重（每一项用空格隔开）：
张三 女 165 60.5
姓名：张三
性别：女
身高（CM）：165
体重（KG）：60.5
```

快学快用 2 判断控制台输入的用户名和密码是否正确

先使用 sys.stdin 读取用户输入的用户名和密码（输入的用户名和密码要用空格分隔开），再验证用户输入的用户名和密码是否是 mrsoft 和 123456。如果用户输入的用户名和密码是 mrsoft 和 123456，那么控制台提示“正在进入主页面……”；否则，控制台不仅提示“用户名或密码错误，请重新输入！”，而且提示“请输入用户名和密码：”。代码如下：

```
import sys
print('请输入用户名和密码：')                   # 输出提示信息
for line in sys.stdin:                          # 使用sys.stdin读取标准输入流
    if line == '\n':                            # 如果用户什么都没有输入直接按下回车
        break                                   # 终止for循环
    # 使用空格将用户输入的用户名和密码分隔开
    username, password = (x for x in line.split())
    # 验证用户输入的用户名和密码是否是mrsoft和123456
    if username == 'mrsoft' and password == '123456':
        print('正在进入主页面……')
        break                                   # 终止for循环
    else:
        print('用户名或密码错误，请重新输入！')
        print('请输入用户名和密码：')
        continue                                # 跳过本次for循环
```

如果用户输入的用户名和密码是 mrsoft 和 123456，程序运行结果如下：

```
请输入用户名和密码：
mrsoft 123456
正在进入主页面……
```

如果用户输入的用户名和密码不是 mrsoft 和 123456，程序运行结果如下：

```
请输入用户名和密码：
mr 123456
用户名或密码错误，请重新输入！
请输入用户名和密码：
mrsoft 654321
用户名或密码错误，请重新输入！
请输入用户名和密码：
```

快学快用 3 使用 sys.stdin 读取多个数字

先使用 sys.stdin 读取用户输入的两个点的横、纵坐标（数字与数字之间用空格隔开。例如，2 3 7 9），再根据这两个点的横、纵坐标计算连接这两个点的直线的斜率。代码如下：

```python
import sys
print('输入两个点坐标：')                        # 输出提示信息
for line in sys.stdin:                          # 使用sys.stdin读取标准输入流
    if line == '\n':                            # 如果用户什么都没有输入直接按下回车
        break                                   # 终止for循环
    x1, y1, x2, y2 = (float(x) for x in line.split())# 使用空格将两个点的横、纵坐标分隔开
    k = (y2 - y1) / (x2 - x1)                   # 根据这两个点的横、纵坐标计算连接这两个点的直线的斜率
    print('斜率：' + str(k))                     # 输出计算后的斜率
    break                                       # 终止for循环
```

程序运行结果如下：

```
输入两个点坐标：
2 3 7 9
斜率：1.2
```

快学快用 4 求解二元一次方程组

使用克莱姆法则求解如下的二元一次方程组：

```
21.8x + 2y = 28
7x + 8y = 62
```

提示：克莱姆法则求解二元一次方程组的公式如图 5.1 所示。

$$\begin{cases} ax+by=e \\ cx+dy=f \end{cases} \qquad x=\frac{ed-bf}{ad-bc} \qquad y=\frac{af-ec}{ad-bc}$$

图 5.1 克莱姆法则求解二元一次方程组的公式

先使用 sys.stdin 读取用户输入的 a、b、e、c、d、f 的值（数字与数字之间用空格隔开），再根据克莱姆法则求解二元一次方程组。代码如下：

```
import sys
print('请输入a、 b、 e、 c、 d、 f的值：')               # 输出提示信息
for line in sys.stdin:                                  # 使用sys.stdin读取标准输入流
    if line == '\n':                                    # 如果用户什么都没有输入直接按下回车
        break                                           # 终止for循环
    # 使用空格将用户输入的a、 b、 e、 c、 d、 f的值分隔开
    a, b, e, c, d, f = (float(x) for x in line.split())
    x = (e * d - b * f) / (a * d - b * c)               # 计算x的值
    y = (a * f - e * c) / (a * d - b * c)               # 计算y的值
    print('x =', x, ', y =', y)
    break                                               # 终止for循环
```

程序运行结果如下：

```
请输入a、 b、 e、 c、 d、 f的值：
21.8 2 28 7 8 62
x = 0.6234413965087282 , y = 7.204488778054864
```

5.2 sys.stdin.read() 方法——读取标准输入流的前 n 个字符

快用标签 read()　range()　len()　str()

最常用 sys.stdin.read(n)，n 表示要读取字符的个数

关键代码段

```
str = sys.stdin.read(5)                       # 读取输入的前5个字符【快1】
for i in range(len(abbr)):                    # 遍历各个省市的简称【快2】
```

➔ 语法

sys.stdin 表示标准输入流，其 read() 方法用来读取标准输入流中的前 n 个字符。这些字符可以是中文，可以是英文，可以是数字，还可以是由中文、英文、数字混合而成的字符串。read() 方法的语法如下：

```
str = sys.stdin.read(n)
```

参数说明：

- n：读取字符的个数。
- str：读取到的前 n 个字符。

➔ 应用

快学快用 1　读取标准输入流的前 n 个字符

sys.stdin.read() 方法可以从标准输入流中读取前 n 个字符，下面使用 sys.stdin.read() 方法分别读取中文、英文、数字或者由中文、英文、数字混合而成的字符串的前 5 个字符，代码如下：

```
import sys
print('用户输入：')
str = sys.stdin.read(5)                      # 读取输入的前5个字符
print(str)                                   # 输出字符串
```

输入中文时，程序运行结果如下：

```
用户输入：吴京：百亿影帝
吴京：百亿
```

输入英文时，程序运行结果如下：

```
用户输入：Huawei
Huawe
```

输入数字时，程序运行结果如下：

```
用户输入：1234567890
12345
```

输入由中文、英文、数字混合而成的字符串时，程序运行结果如下：

```
用户输入：吴京1WuJing
吴京1Wu
```

快学快用 2　验证车牌号的归属地

使用 sys.stdin.read() 读取用户输入的车牌号中的第 1 个字符，根据这个字符，查找车牌归属地。代码如下：

```
import sys
abbr = ['京', '津', '冀', '晋', '蒙', '辽', '吉', '黑', '沪', '苏',
        '浙', '皖', '闽', '赣', '鲁', '豫', '鄂', '湘', '粤', '桂',
        '琼', '渝', '川', '黔', '滇', '藏', '陕', '甘', '青', '宁',
        '新', '台', '港', '澳']              # 各个省市的简称
city = ['北京', '天津', '河北', '山西', '内蒙古', '辽宁', '吉林', '黑龙江',
        '上海', '江苏', '浙江', '安徽', '福建', '江西', '山东', '河南',
        '湖北', '湖南', '广东', '广西', '海南', '重庆', '四川', '贵州',
        '云南', '西藏', '陕西', '甘肃', '青海', '宁夏', '新疆', '台湾',
        '香港', '澳门']                      # 各个省市的全称
print('请输入车牌号：')                      # 输出提示信息
city_Abbr = sys.stdin.read(1)                # 读取车牌中的第1个字符
for i in range(len(abbr)):                   # 遍历各个省市的简称
```

```
    if city_Abbr == abbr[i]:          # 判断车牌中的第1个字符与哪一个省市的简称相同
        print('这个车牌的归属地：' + str(city[i])) # 输出与这个省市简称对应的省市全称
        break                         # 终止for循环
```

程序运行结果如下：

```
请输入车牌号：
滇A 99881
这个车牌的归属地：云南
```

快学快用 3　根据手机号获取所属运营商

使用 sys.stdin.read() 读取用户输入的手机号中的前 3 个字符，根据这 3 个字符，查找这个手机号的运营商。代码如下：

```
import sys
dianXin = [133, 149, 153, 173, 177, 180, 181, 189, 191, 199]  # 运营商为中国电信的号段
# 运营商为中国联通的号段
lianTong = [130, 131, 132, 145, 155, 156, 166, 171, 175, 176, 185, 186]
yiDong = [134, 135, 136, 137, 138, 139, 147, 150, 151, 152, 157, 158,
          159, 172, 178, 182, 183, 184, 187, 188, 198]         # 运营商为中国移动的号段
print('请输入手机号：')
# 读取并且把用户输入的手机号中的前3个字符转换为int
firstThreeNum = int(sys.stdin.read(3))
for i in range(len(dianXin)):           # 遍历中国电信的号段
    if firstThreeNum == dianXin[i]:
        print('这个手机号的运营商是中国电信')
        break
for j in range(len(lianTong)):          # 遍历中国联通的号段
    if firstThreeNum == lianTong[j]:
        print('这个手机号的运营商是中国联通')
        break
for k in range(len(yiDong)):            # 遍历中国移动的号段
    if firstThreeNum == yiDong[k]:
        print('这个手机号的运营商是中国移动')
        break
```

输入 177****1177 时，程序运行结果如下：

```
请输入手机号：
177****1177
这个手机号的运营商是中国电信
```

输入 171****7711 时，程序运行结果如下：

```
请输入手机号：
171****7711
这个手机号的运营商是中国联通
```

输入 188****7788 时，程序运行结果如下：

```
请输入手机号：
188****7788
这个手机号的运营商是中国移动
```

5.3 sys.stdin.readline() 方法——读取全部的标准输入流

快用标签 readline() strip() split() random.randint() upper() capitalize() title() isdigit()

最常用 sys.stdin.readline() sys.stdin.readline().split()

关键代码段

```
password = sys.stdin.readline().strip('\n')                # 【快3】
password = sys.stdin.readline().upper().strip('\n')        # 【快5】
name = sys.stdin.readline().capitalize().strip('\n')       # 【快5】
school = sys.stdin.readline().title().strip('\n')          # 【快5】
if numbers.isdigit() and numbers == 123456:                # 如果验证码均是数字：123456【快6】
```

➔ 语法

sys.stdin 通过 readline() 方法读取全部的标准输入流，包括在末尾处的换行符“\n”。语法如下：

```
str = sys.stdout.readline()
```

参数说明：

❖ str：读取到的全部的标准输入流。

那么，如何去掉读取到的全部的标准输入流后的换行符“\n”？代码如下：

```
import sys                                # 调用sys模块
str = sys.stdin.readline().strip('\n')
```

➔ 应用

快学快用 1 读取不同类型的标准输入流

下面使用 sys.stdin. readline() 方法分别读取中文、英文、数字或者由中文、数字混合而成的字符串，代码如下：

```
import sys
print('请输入中文：')                                  # 提示用户输入字符串
str = sys.stdin.readline()                            # 记录用户输入
print(str)                                            # 输出字符串

print('请输入数字：')                                  # 提示用户输入数字
str = sys.stdin.readline()                            # 记录用户输入
print(str)                                            # 输出数字

print('请输入英文：')                                  # 提示用户输入字母
str = sys.stdin.readline()                            # 记录用户输入
print(str)                                            # 输出字母

print('请输入由中文、数字混合而成的字符串：')            # 提示用户输入混合字符串
str = sys.stdin.readline()                            # 记录用户输入
print(str)                                            # 输出混合字符串
```

程序运行结果如下：

```
请输入中文：
国庆档—攀登者
国庆档—攀登者

请输入数字：
49.9
49.9

请输入英文：
A
A

请输入由中文、数字混合而成的字符串：
攀登者 票价：49
攀登者 票价：49
```

快学快用 2 猜数字游戏

首先在 1~99 范围内随机读取一个数字作为目标数字，然后使用 sys.stdin.readline() 方法让用户输入一个数字，用户有 6 次输入的机会。当用户输入的数字大于目标数字时，控制台提示“输入的数字太大了”；当用户输入的数字小于目标数字时，控制台提示“输入的数字太小了”；当用户输入的数字等于目标数字时，控制台提示“真棒，恭喜你猜中了”。代码如下：

```
import sys
import random
target_Num = random.randint(1, 100)        # 读取一个在1~99范围内的随机数作为目标数字
```

```
input_Num = 0                                # 初始化用户输入的数字为0
input_Times = 1                              # 初始化用户输入的次数为1
# 用户输入的数字与目标数字不相等，并且用户输入的次数不满6次
while input_Num != target_Num and input_Times < 7:
    print('请输入一个在1~99范围内的数字：')
    input_Num = int(sys.stdin.readline())    # 用户输入的数字
    if input_Num < target_Num:               # 用户输入的数字小于目标数字
        print('输入的数字太小了')
    elif input_Num > target_Num:             # 用户输入的数字大于目标数字
        print('输入的数字太大了')
    input_Times += 1                         # 用户输入的次数加1
if input_Num == target_Num:                  # 用户输入的数字与目标数字相等
    print('真棒，恭喜你猜中了')
else:
    print('你用光了所有机会，目标数字是' + str(target_Num))
```

程序运行结果如下：

```
请输入一个在1~99范围内的数字：
68
输入的数字太小了
请输入一个在1~99范围内的数字：
79
输入的数字太小了
请输入一个在1~99范围内的数字：
89
输入的数字太大了
请输入一个在1~99范围内的数字：
82
输入的数字太小了
请输入一个在1~99范围内的数字：
85
输入的数字太大了
请输入一个在1~99范围内的数字：
83
真棒，恭喜你猜中了
```

快学快用 3　密码校验

使用 sys.stdin.readline() 方法输入的 6 位数字密码（这 6 位数字密码的类型是字符串），此时在末尾处会包含一个换行符“\n”。在判断用户输入的密码是否正确之前，如果没有去除末尾处的换行符“\n”，那么即使输入的密码是正确的，也不会得到正确的反馈。代码如下：

```
import sys
print('请输入6位数字密码:')                          # 提示用户输入字符串
password = sys.stdin.readline().strip('\n')    # 去除6位数字密码末尾处的换行符“\n”
```

```
if (password == '624351'):
    print('密码正确！')
else:
    print('密码错误！请重新输入……')
```

程序运行结果如下：

```
请输入6位数字密码:624351
密码正确！
```

快学快用 4 多数据输入

sys.stdin.readline() 方法支持多数据输入，并且使用 split() 方法默认以空格分隔这些数据。因此，用户输入多个数据时，数据与数据之间要用空格分隔开。代码如下：

```
import sys
print('请输入姓名、性别、身高和体重（每一项用空格隔开）：')   # 输出提示信息
name, sex, height, weight = sys.stdin.readline().split() # 多数据输入
print('姓名：' + str(name))
print('性别：' + str(sex))
print('身高（CM）：' + str(height))
print('体重（KG）：' + str(weight))
```

程序运行结果如下：

```
请输入姓名、性别、身高和体重（每一项用空格隔开）：
张三 女 165 60.5
姓名：张三
性别：女
身高（CM）：165
体重（KG）：60.5
```

通过循环语句也可以实现多数据输入，并且仍然需要使用 split() 方法默认以空格分隔这些数据。代码如下：

```
import sys
sum = 0
print('请输入多位加数，中间用空格分开：')                  # 提示用户输入
for x in sys.stdin.readline().split():
    sum = sum+int(x)
print(sum)
```

程序运行结果如下：

```
请输入多位加数，中间用空格分开：
1 2 3 4 5 6 7 8 9
45
```

快学快用 5　转换标准输入流中英文的大小写

在 sys.stdin.readline() 方法后，可以继续调用 lower()、upper()、capitalize()、title() 方法转换标准输入流中英文的大小写。代码如下：

```
import sys
print('请输入您的密码：')
password = sys.stdin.readline().upper().strip('\n')
print('请输入您的姓名：')
name = sys.stdin.readline().capitalize().strip('\n')
print('请输入您的学校：')
school = sys.stdin.readline().title().strip('\n')
print(password, name, school)
```

程序运行结果如下：

```
请输入您的密码：
abcdefg
请输入您的姓名：
mike
请输入您的学校：
harvard
ABCDEFG Mike Harvard
```

快学快用 6　输入验证

在 Python 中，提供了对字符串操作非常有用的验证方法，可以非常方便地判断输入文字是大写字母、小写字母、数字或是空白。主要方法如下：

- str.isalnum()：所有字符都是数字或者字母。
- isalnum()：所有字符都是字母。
- str.isdigit() 所有字符都是数字。
- str.islower()：所有字符都是小写。
- str.isupper()：所有字符都是大写。
- str.istitle()：所有单词都是首字母大写，像标题。
- str.isspace()：所有字符都是空白字符、\t、\n、\r。

使用 str.isdigit() 方法可以验证输入的内容是否为数字，例如需要输入为纯数字方可进入系统，否则退出系统重新进入。代码如下：

```
import sys
print('请输入数字验证码：')
numbers = sys.stdin.readline().strip('\n')          # 输入验证码
# 如果验证码均为数字：123456
if numbers.isdigit() and numbers == 123456:
    print('正在登录程序员之家商务系统！')
else:
    print('输入了非数字字符，请重新输入！')
```

程序运行结果如图 5.2 和图 5.3 所示。

```
请输入数字验证码:
123456
正在登录程序员之家商务系统！
```

图 5.2 输入正确的效果

```
请输入数字验证码:
abcdef
输入了非数字字符，请重新输入！
```

图 5.3 输入非数字的效果

下面自定义函数 inputbox() 实现了对输入数据的判断。使用了 isdigit()、isalpha() 等函数判断输入内容，从而实现数据的输入验证。代码如下：

```
def inputbox(showorder, lengh):
    instr = sys.stdin.readline()[:-1] # 读取标准输入流输入的数据，去掉最后的“\n”
    if len(instr) != 0:
        if showorder == 1:
            if str.isdigit(instr):
                if instr == 0:
                    print("\033[1;31;40m 输入为零，请重新输入！！\033[0m")
                    return "0"
                else:
                    return instr
            else:
                print("\033[1;31;40m输入非法，请重新输入！！\033[0m")
                return "0"
        if showorder == 2:
            if str.isalpha(instr):
                if len(instr) != 3:
                    print("\033[1;31;40m必须输入三个字母，请重新输入！！\033[0m")
                    return "0"
                else:
                    return instr
            else:
                print("\033[1;31;40m输入非法，请重新输入！！\033[0m")
                return "0"
        if showorder == 3:
            if str.isdigit(instr):
                if len(instr) != lengh:
                    print("\033[1;31;40m必须输入" + lengh + "个数字，请重新输入！！\033[0m")
                    return "0"
                else:
                    return instr
            else:
                print("\033[1;31;40m输入非法，请重新输入！！\033[0m")
                return "0"
    else:
        print("\033[1;31;40m输入为空，请重新输入！！\033[0m")
        return "0"
```

通过字符串的一些方法，可以很快地进行输入验证，但这种验证方式的灵活度不够。使用字符的 ASCII 码进行数据验证，更加方便、灵活，而且高效。如对输入进行数字验证，只允许输入数字 1~8（注意：验证没有考虑密码是否一致），代码如下：

```
import sys
sys.stdout.write('请输入5位数字验证码：')
instr = sys.stdin.readline()[:-1].strip(' ')
isgo = 'go'
if len(instr) != 5:
    print('输入非5位数字，请重新输入！')
    isgo = 'no'
else:
    for i in instr:
        if ord(i) not in range(ord('1'),ord('9')):
            print('输入了非数字字符，请重新输入！')
            isgo = 'no'
            break
if isgo == 'go':
    print('正在登录开发者之家系统！')
```

程序运行结果如图 5.4、图 5.5 和图 5.6 所示。

```
请输入5位数字验证码：12345
正在登录开发者之家系统！
```

图 5.4 输入正确的数字

```
请输入5位数字验证码：2312
输入非5位数字，请重新输入！
```

图 5.5 输入位数不够的效果

```
请输入5位数字验证码：123d4
输入了非数字字符，请重新输入！
```

图 5.6 输入含非数字的字符

注册用户时，如果要求输入的用户名为所有字母、数字和符号（除了 @、\、/、# 四个特殊符号除外），那么该如何验证呢？字母、数字和符号的 ASCII 码值范围（十进制）是 49 ～ 126，需要去除的特殊字符 @、\、/、# 的 ASCII 码值为 64、47、92、35。代码如下：

```
import sys
sys.stdout.write('注册用户名：')
instr = sys.stdin.readline()[:-1].strip(' ')
isgo='go'
for i in instr:
    if ord(i) in range(33,127):
        if  ord(i) in  [64,47,92,35]:
            print('输入了非法字符"', i, '"请重新输入！')
            isgo= 'no'
            break
    else:
        print('输入了非法字符,请重新输入！')
        isgo = 'no'
        break
if isgo =='go':
    print('用户名注册完成，请继续填写其他注册信息！！')
```

程序运行后，输入注册用户名，如“mingri666***”，按 <Enter> 键，提示“用户注册完成，请继续填写其他注册信息”，运行效果如图 5.7 所示。输入“mingri\”，因为包含了非法字符“\”，所以提示“输入了非法字符“\”请重新输入！”，运行效果如图 5.8 所示。

```
注册用户名：mingri666***
用户名注册完成，请继续填写其他注册信息！！
```

图 5.7 输入正确的字符

```
注册用户名：mingri\
输入了非法字符“ \ ”请重新输入！
```

图 5.8 输入非法字符的效果

快学快用 7 sys.stdin.readline() 方法与 input() 方法的区别

在 Python 中，sys.stdin.readline() 方法与 input() 方法都能实现用户输入的功能，那么二者有什么区别，使用时又要注意哪些问题？代码如下：

```
import sys
print('请输入字符串：')                      # 提示用户输入字符串
str1 = sys.stdin.readline()                 # 记录用户输入
str2 = input()
print('str1长度：'+str(len(str1)))          # 输出字符串长度
print('str2长度：'+str(len(str2)))          # 输出字符串长度
```

运行结果如下：

```
请输入字符串：
我爱我的祖国
我爱我的祖国
str1长度：7
str2长度：6
```

说明：上面运行结果中，两个字符串输入的内容一样，但读取的长度不一样。这是因为，sys.stdin.readline() 方法会将标准输入流全部读取，包括末尾的“\n”，因此用 len 计算长度时，是把换行符“\n”算进去了。但是 input() 方法读取输入时，返回的结果是不包含末尾的换行符“\n”的。

5.4 stdout 属性——Python 程序的标准输出流

快用标签 stdout open()

最常用 sys.stdout

关键代码段

```
sys.stdout = open('test.txt','w')    # sys.stdout的指向将从控制台重定向到文件【快1】
temp = sys.stdout                    # 记录sys.stdout的原始指向【快2】
```

➔ 语法

stdout 属性被定义在 sys 模块中，用作 Python 程序的标准输出流，这个标准输出流默认是映射到打开脚本的窗口。语法如下：

```
sys.stdout
```

sys.stdout 属性提供了 write() 方法和 flush() 方法，这两个方法的说明如表 5.2 所示。

表 5.2 write() 方法和 flush() 方法及其说明

sys.stdin 提供的方法	说　明
write()	输出标准输出流
flush()	刷新标准输出流

➔ 应用

快学快用 1　从控制台重定向到文件

sys.stdout 是指向控制台的，如果把文件的对象赋给 sys.stdout，那么 sys.stdout 的指向将从控制台重定向到文件。代码如下：

```
import sys
sys.stdout = open('test.txt','w')      # sys.stdout的指向将从控制台重定向到文件
print('Hello world')
```

程序运行后，会在当前程序目录下生成名为 test 的文本文件，打开这个文本文件后的结果如图 5.9 所示。

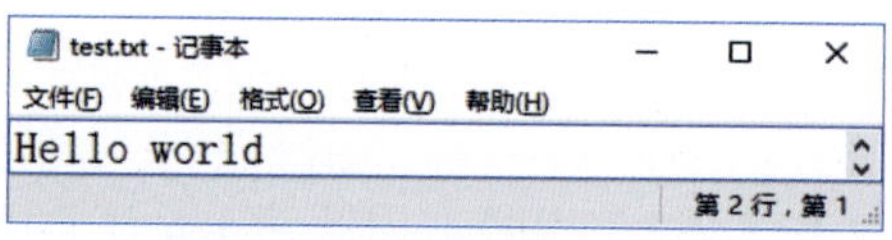

图 5.9 sys.stdout 的指向将从控制台重定向到文件

快学快用 2　恢复 sys.stdout 的初始指向（控制台）

在快学快用 1 中，已经把 sys.stdout 的指向从控制台重定向到文件。此时这会出现一个问题：调用 print() 函数后，将把内容输出在这个文件中。那么，如何恢复 sys.stdout 的初始指向（控制台）呢？代码如下：

```
import sys
temp = sys.stdout
sys.stdout = open('test.txt','w')      # sys.stdout的指向将从控制台重定向到文件
print('hello world')
sys.stdout = temp                      # 恢复sys.stdout的原始指向
print('just do it')
```

程序运行后，不仅会在当前程序目录下生成名为 test 的文本文件（打开这个文本文件后的效果如图 5.9 所示），还会在控制台输入如下的运行结果：

```
just do it
```

5.5 sys.stdout.write() 方法——输出标准输出流

快用标签 write() time.sleep(0.3) range() open()

最常用 sys.stdout.write(obj)，obj 表示输出的内容或文件。

关键代码段

```
for i in range(20):                      # 【快2】
time.sleep(0.3)                          # 【快2】
sys.stdout = open('mingri.txt','w')      # 【快3】
```

➔ 语法

sys.stdout 是 sys 模块中的标准输出流，可以实现将数据向屏幕、文件等进行输出。sys.stdout 通过 write() 方法实现数据的标准输出。语法如下：

```
sys.stdout.write(obj)
```

参数说明：

❖ obj：输出的内容或文件。

事实上，使用 print() 函数进行输出时，其实是将内容传递给 sys.stdout 标准输出流，然后通过 sys.stdout.write() 方法进行输出，sys.stdout.write() 输出完毕后，光标会停留在输出内容的最后位置。而 print() 函数输出后，光标会自动跳到下一行行首，所以要实现等同效果，需要在 sys.stdout.write() 输出时追加一个换行符。如代码：

```
print('hello')
```

等同于：

```
import sys                                # 调用sys模块
sys.stdout.write('hello' + '\n')
```

➔ 应用

快学快用 1 常规输出内容到屏幕

sys.stdout.write() 方法可以直接进行输出，配合转义字符可以进行换行、对齐等操作，在使用前一定先导入 sys 模块，下面举例一些常规的输出，代码如下：

```
import sys                               # 导入sys模块
sys.stdout.write('用户名称：')            # 正常输出，光标在最后一个字符后面
sys.stdout.write('张三丰')                # 在上一个光标处输出
sys.stdout.write('\n用户密码：')          # 先换行输出，光标在最后一个字符后面
sys.stdout.write('********\n')           # 在上一个光标处输出，输出完内容后换行到下一行行首
sys.stdout.write('确认密码：')
sys.stdout.write('********\n')           # 输出完内容后换行到下一行行首
sys.stdout.write('商品名称\t')            # 输出完内容后增加一个制表符距离
sys.stdout.write('商品价格\t')            # 输出完内容后增加一个制表符距离
sys.stdout.write('采购数量\t')            # 输出完内容后增加一个制表符距离
sys.stdout.write('商品金额')
```

运行结果如下：

```
用户名称：张三丰
用户密码：********
确认密码：********
商品名称        商品价格        采购数量        商品金额
```

快学快用 2　在一行输出连续延时文字

在编写程序时，有时需要动态输出一些提示性文字，如程序加载、联网、杀毒时，如果需要用户等待一点时间，可以输出提示用户的信息并显示进度。下面代码实现在提示文字后动态输出程序加载进度：

```
import sys
import time
sys.stdout.write('程序正在安装，请稍候')
sys.stdout.write("\n")
for i in range(20):
    sys.stdout.write('#')
    time.sleep(0.3)
```

程序运行结果如图 5.10 和图 5.11 所示。

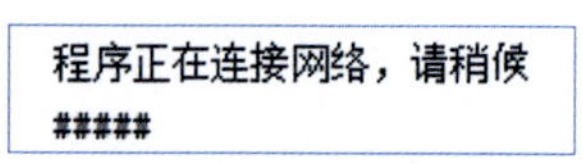

图 5.10　安装进度显示

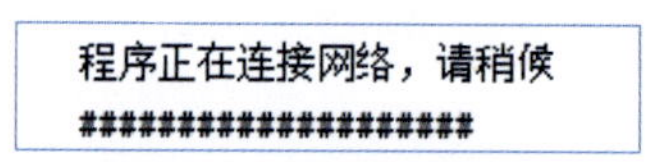

图 5.11　安装进度显示

如果动态输出的文字希望在原始位置跑马灯似的循环输出，需要将开始文字先定位到行首，然后输出并刷新。转移字符“\r”可以使光标回到行首，如代码：

```
sys.stdout.write("\r")
```

快学快用 3　输出内容到文件

使用 sys.stdout 流不但可以将内容输出到屏幕，还可以输出到文件，代码如下：

```
import sys                               # 导入系统模块
sys.stdout = open('mingri.txt','w')
sys.stdout.write('hello world ')
```

打开 mingri.txt 文件会发现“hello world”被写入到该文件中，如图 5.12 所示。

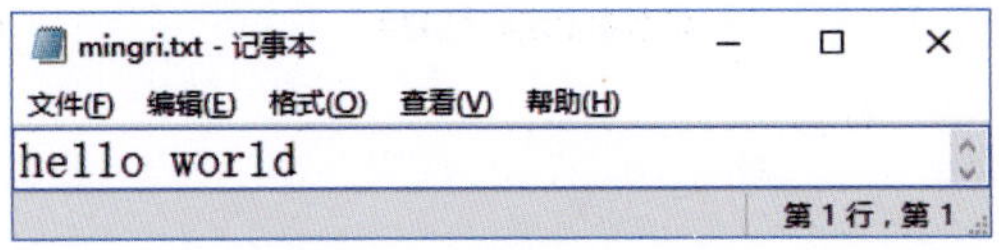

图 5.12 文件内容显示

5.6 sys.stdout.flush() 方法——刷新标准输出流

快用标签 sys.stdout.flush() write() range() time.sleep() str()

最常用 sys.stdout.flush()

关键代码段

```
for j in range(6):                # 【快1】
    sys.stdout.write('.')         # 【快1】
    sys.stdout.flush()            # 【快1】
    time.sleep(0.3)               # 【快1】
```

➔ 语法

在标准输出流中输出内容时，刷新输出使用 flush() 方法，语法如下：

```
sys.stdout.flush()
```

➔ 应用

快学快用 1 跑马灯效果输出

实现动态跑马灯输出效果，每次循环输出 1 到 6 个状态，往复进行。代码如下：

```
import sys                        # 导入用sys模块
import time
sys.stdout.write('动态输出跑马灯文字\n')
for i in range(20):
    for j in range(6):
        sys.stdout.write('.')
        sys.stdout.flush()
        time.sleep(0.3)
```

输出结果如图 5.13、图 5.14 和图 5.15 所示。

```
动态输出跑马灯文字
.
```

图 5.13 跑马灯效果显示

```
动态输出跑马灯文字
...
```

图 5.14 跑马灯效果显示

```
动态输出跑马灯文字
..
```

图 5.15 跑马灯效果显示

快学快用 2 原位置动态输出文字或图标

在某些程序开发中，经常需要在某位置动态重复输出一些内容，如杀毒软件、计数程序、倒计时程序等。输出杀毒软件杀毒时提示用户杀毒时间的动态模拟显示，代码如下：

```
import sys                          # 导入sys模块
import time
sys.stdout.write('杀毒程序正在全盘检查，请稍候\n')
for i in range(20):
    sys.stdout.write("\r")
    if i%2==1 :
        sys.stdout.write("\\")
    else:
        sys.stdout.write("/")
    sys.stdout.flush()
    time.sleep(0.3)
```

运行结果图 5.16 和图 5.17 所示。

```
杀毒程序正在全盘检查，请稍候
\
```

图 5.16 提醒用户杀毒时间的动态模拟显示

```
杀毒程序正在全盘检查，请稍候
/
```

图 5.17 提醒用户杀毒时间的动态模拟显示

如果是计算程序，需要在原位置动态进行计数，如进行 30 个数的计数，代码如下：

```
import sys                          # 导入sys模块
import time
sys.stdout.write("\n")
sys.stdout.write('计数程序\n')
i=0
while i<30:
    i=i+1
    sys.stdout.write("\r")
    sys.stdout.write(str(i))
    sys.stdout.flush()
    time.sleep(0.5)
```

程序运行结果如图 5.18、图 5.19 和图 5.20 所示。

```
计数程序:
2
```

图 5.18 计数效果 1

```
计数程序:
14
```

图 5.19 计数效果 2

```
计数程序:
30
```

图 5.20 计数效果 3

倒数程序是在输入一个倒数数字后，按照输入的数字倒数的程序。倒数的数字需要动态在原始位置输出，如进行简单的 60 个数的倒数程序，代码如下：

```
import sys          # 导入sys模块
import time
sys.stdout.write("\n")
sys.stdout.write('倒数程序\n')
i=40
while i>0:
    i=i-1
    sys.stdout.write("\r")
    sys.stdout.write(str(i))
    sys.stdout.flush()
    time.sleep(1)
```

程序运行结果如图 5.21 和图 5.22 所示。

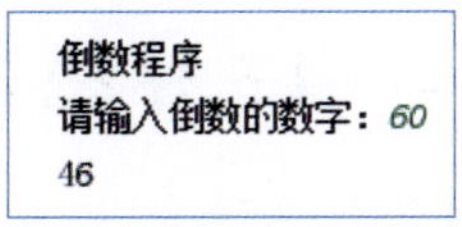

图 5.21　倒数程序显示

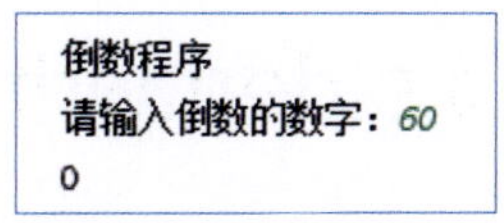

图 5.22　倒数程序显示

5.7　stderr 属性——用于标准错误的文件对象

快用标签　stderr　open()　close()

关键代码段

```
saveerr = sys.stderr      # 在重定向前保存stderr【快】
info = open('log.txt', 'w')# 打开一个新文件用于写入。如果文件不存在，将会被创建。如果文件存在，将被覆盖
sys.stderr = info         # 所有后续的错误信息都会被重定向到刚才打开的新文件上
```

➔ 语法

表示 Python 解释器用于标准错误的文件对象，主要显示 Python 解释器自己的提示及其错误消息。语法如下：

```
sys.stderr
```

➔ 应用

快学快用　手动改变 stderr 输出形式

手动改变 stderr 输出形式，将错误信息写入 log.txt 日志文件中，代码如下：

```
import sys
saveerr = sys.stderr  # 在重定向前保存stderr
# 打开一个新文件用于写入。如果文件不存在，将会被创建；如果文件存在，将被覆盖
info = open('log.txt', 'w')
sys.stderr = info     # 所有后续的错误信息都会被重定向到刚才打开的新文件上
print('change stderr') # 将错误“打印”到日志文件中
sys.stderr = saveerr  # 重置stderr
info.close()          # 关闭日志文件
```

运行结果如下：

```
change stderr
```

说明： 上面的运行结果是 log.txt 文件中的内容，并不会显示到交互屏幕上。

5.8 sys.stderr.write() 方法——标准错误输出

快用标签 write() readline() range() time.sleep() open()

最常用 sys.stderr.write(obj)，obj 表示输出的错误信息。

关键代码段

```
sys.stderr.write('错误提示\n')              #【快1】
name=sys.stdin.readline()[:-1]             #【快2】
for i in range(20):                        #【快3】
time.sleep(0.3)                            #【快3】
sys.stderr = open('login.txt', 'a+')       # 将用户登录错误日志写入文件【快4】
```

语法

sys.stderr 是 sys 模块中的标准错误输出流，可以实现将错误信息向屏幕、文件等进行输出。sys.stderr 通过 write() 方法实现错误的标准输出。语法如下：

```
sys.stderr.write(obj)
```

参数说明：

- obj：输出的错误信息。

应用

快学快用 1 在标准控制台中输出错误信息

分别使用 sys.stderr.write() 方法和 sys.stdout.write() 方法在控制台中输出标准错误提示和正确的信

息，对它们进行比较，代码如下：

```
import sys
sys.stderr.write('错误提示\n')
sys.stdout.write('正确信息')
```

程序运行效果如图 5.23 所示 .

```
错误提示
正确信息
```

图 5.23 错误提示和正确信息

说明： 图 5.23 中显示的错误提示为红色字体，而正常的输出信息为黑色字体。

快学快用 2 验证信息输入错误时进行输出

在进行用户登录时，通常都需要验证用户名和密码是否正确，这里模拟判断用户名和密码不正确时，使用 sys.stderr.write() 输出错误提示信息；而如果正确，则正常输出。代码如下：

```
import sys
sys.stdout.write('请输入用户名：')
name=sys.stdin.readline()[:-1]
sys.stdout.write('请输入密码：')
pwd=sys.stdin.readline()[:-1]
if name=='mike' and pwd=='123456':
    print('正在登录程序员之家商务系统！')
else:
    sys.stderr.write('用户名或密码错误，请重新输入！')
```

程序运行效果如图 5.24 和图 5.25 所示。

```
请输入用户名：tina
请输入密码：1234
用户名或密码错误，请重新输入！
```

图 5.24 输入的用户名或密码错误

```
请输入用户名：mike
请输入密码：123456
正在登录程序员之家商务系统！
```

图 5.25 输入的用户名或密码正确

快学快用 3 打开程序时出现错误的动态效果

在系统中打开某些软件时，如果遇到错误或者死机的状态，经常会动态重复输出一些内容，模拟打开程序出现错误时的效果，代码如下：

```
import sys                                    # 导入sys模块
import time
sys.stderr.write('打开程序时遇到错误，请稍候\n')
for i in range(20):
    sys.stderr.write("\r")
    if i%2==1 :
        sys.stderr.write("\\")
    else:
```

```
        sys.stderr.write("/")
    time.sleep(0.3)
```

程序运行结果图 5.26 和图 5.27 所示。

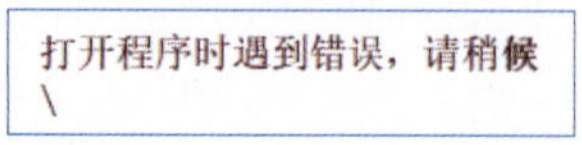

图 5.26 打开程序时出现错误的动态效果

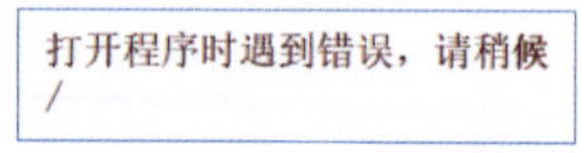

图 5.27 打开程序时出现错误的动态效果

快学快用 4　输出内容到文件

使用 sys.stderr 流不但可以将错误输出到屏幕，还可以输出到文件，例如，将用户登录的错误日志写入文件中，代码如下：

```
import sys                          # 导入系统模块
sys.stdout.write('请输入用户名：')
name=sys.stdin.readline()[:-1]
sys.stdout.write('请输入密码：')
pwd=sys.stdin.readline()[:-1]
if name=='mike' and pwd=='123456':
    print('正在登录程序员之家商务系统！')
else:
    sys.stderr = open('login.txt', 'a+') # 将用户登录错误日志写入文件
    sys.stderr.write('\n'+name+'登录  用户名或密码错误，请重新输入！')
```

打开 login.txt 文件会发现错误日志被写入到该文件中，如图 5.28 所示。

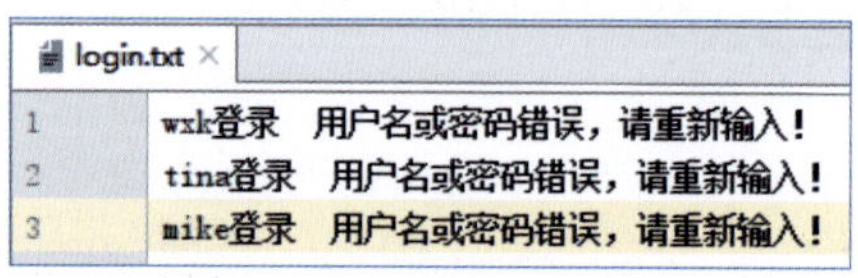

图 5.28 错误日志内容

5.9 __stdin__ 属性——stdin 值的文件对象

关键代码段

```
print(sys.__stdin__)                    # 【快】
```

➔ 语法

在 Python 解释器启动时，包含 stdin 值的文件对象，主要用于将实际文件还原到已知的工作文件对象，以防被破坏。但是，执行此操作的首选方法是在替换之前显式保存先前的流，并还原已保存的对象。语法如下：

```
sys.__stdin__
```

注意：在某些情况下，stdin 以及原始值 __stdin__ 可以为 None。例如，那些没有连接到控制台的 Windows GUI 应用程序以及 pythonw 启动的 Python 应用程序。

➔ 应用

快学快用 读取 __stdin__ 属性的原始对象信息

读取 __stdin__ 属性的原始对象信息并输出，代码如下：

```
import sys
print(sys.__stdin__)
```

运行结果如下：

```
<_io.TextIOWrapper name='<stdin>' mode='r' encoding='UTF-8'>
```

5.10 __stdout__ 属性——stdout 值的文件对象

关键代码段

```
print(sys.__stdout__)
```

➔ 语法

在 Python 解释器启动时，包含 stdout 值的文件对象，主要用于将实际文件还原到已知的工作文件对象，以防被破坏。但是，执行此操作的首选方法是在替换之前显式保存先前的流，并还原已保存的对象。语法如下：

```
sys.__stdout__
```

注意：在某些情况下，stdout 以及原始值 __stdout__ 可以为 None。例如，那些没有连接到控制台的 Windows GUI 应用程序以及 pythonw 启动的 Python 应用程序。

➔ 应用

快学快用 读取 __stdout__ 属性的原始对象信息

读取 __stdout__ 属性的原始对象信息并输出，代码如下：

```
import sys
print(sys.__stdout__)
```

运行结果如下：

```
<_io.TextIOWrapper name='<stdout>' mode='w' encoding='UTF-8'>
```

5.11 __stderr__ 属性——获取 stderr 值的文件对象

关键代码段

```
print(sys.__stderr__)                           # 【快】
```

➔ 语法

在 Python 解释器启动时，包含 stderr 值的文件对象，主要用于将实际文件还原到已知的工作文件对象，以防被破坏。但是，执行此操作的首选方法是在替换之前显式保存先前的流，并还原已保存的对象。语法如下：

```
sys.__stderr__
```

注意：在某些情况下，stderr 以及原始值 __stderr__ 可以为 None。例如，那些没有连接到控制台的 Windows GUI 应用程序以及 pythonw 启动的 Python 应用程序。

➔ 应用

快学快用　读取 __stderr__ 属性的原始对象信息

读取 __stderr__ 属性的原始对象信息并输出，代码如下：

```
import sys
print(sys.__stderr__)
```

运行结果如下：

```
<_io.TextIOWrapper name='<stderr>' mode='w' encoding='UTF-8'>
```

第6章 获取Python解释器相关信息

6.1 version_info 属性——包含 Python 版本信息各组件的元组

快用标签 version_info exit() len() range()

最常用 version_info 用于获取 Python 解释器的版本信息。

关键代码段

```
print(sys.version_info)                  # 【快1】
__MAJOR, __MINOR, __MICRO = sys.version_info[0], sys.version_info[1], sys.version_info[2] #【快2】
if __MAJOR < 3:                          # 判断主版本号是否小于3
__RELEASELEVEL = sys.version_info[3]     # 获取Python版本级别 【快3】
if __RELEASELEVEL == "alpha":            # 判断版本级别是否为alpha
```

➔ 语法

一个元组，包含了版本信息的 5 个值，语法如下：

```
sys.version_info
```

使用 version_info 属性得到版本中的 5 个值分别如下：

- ❖ major：一个整数，表示主版本号。
- ❖ minor：一个整数，表示次版本号。
- ❖ micro：一个整数，表示生成号。
- ❖ releaselevel：版本级别，返回值为 alpha（内测版）、beta（公测版）、candidate（候选版）、final（最终版）。
- ❖ serial：一个整数，表示修订号。

➔ 应用

快学快用 1　获取 Python 解释器的版本信息

获取并输出 Python 解释器的版本信息，代码如下：

```
import sys
print(sys.version_info)
```

程序运行结果如下：

```
sys.version_info(major=3, minor=8, micro=2, releaselevel='final', serial=0)
```

快学快用 2　检测到 Python 主版本不一致时自动退出程序

检测当前计算机 Python 版本号，当主要版本号小于 3 时，退出当前程序，代码如下：

```python
import sys
# 检测Python版本号
__MAJOR, __MINOR, __MICRO = sys.version_info[0], sys.version_info[1], sys.version_info[2]
if __MAJOR < 3:                                          # 判断主版本号是否小于3
    print('Python版本号过低，当前版本为 %d.%d.%d，请重装Python解释器' % (__MAJOR, __MINOR, __MICRO))
    exit()                                               # 退出程序
```

说明： 上面代码在 Python 2.x 版本上运行时，将会提示 Python 版本号过低，并退出程序。

快学快用 3　判断 Python 版本级别

判断当前计算机 Python 解释器的版本级别，代码如下：

```python
import sys
__RELEASELEVEL = sys.version_info[3]          # 获取Python版本级别
if __RELEASELEVEL == "alpha":                 # 判断版本级别是否为alpha
    print("内测版")
elif __RELEASELEVEL == "beta":                # 判断版本级别是否为beta
    print("公测版")
elif __RELEASELEVEL == "candidate":           # 判断版本级别是否为candidate
    print("候选版")
else:
    print("最终版")
```

程序运行结果如下：

```
最终版
```

快学快用 4　打印 Python 解释器的详细版本信息

获取并打印 Python 解释器的详细版本信息，代码如下：

```python
import sys
version_info = sys.version_info               # 获取Python版本信息
name = ["主版本号","次版本号","生成号","版本级别","修订号"]
len = len(version_info)                       # 获取元素个数
for n in range(len):
    print(name[n],":",version_info[n])        # 打印版本信息
```

程序运行结果如下：

```
主版本号 : 3
次版本号 : 8
生成号 : 2
版本级别 : final
修订号 : 0
```

6.2 version 属性——Python 解释器的版本号等信息

快用标签 version exit() index()

最常用 version 用于获取 Python 解释器的版本号、内部版本号和编译器的附加信息。

关键代码段

```
print(sys.version)                              #【快1】
if sys.version[0:5] == '3.8.2':                 #【快2】
    print('您当前使用的是Python 3.8.2版本')
index1 = version.index(",")                     # 获取第一个逗号的索引 【快3】
```

➔ 语法

一个字符串，包含 Python 解释器的版本号、内部版本号和编译器的附加信息。语法如下：

```
sys.version
```

说明： 不要从 version 属性获取的值中提取版本信息，而应该使用 version_info。

➔ 应用

快学快用 1 获取 Python 解释器的版本号等信息

使用 sys.version 属性获取 Python 解释器的版本号等信息并输出，代码如下：

```
import sys
print(sys.version)
```

程序运行结果如下：

```
3.8.2 (tags/v3.8.2:7b3ab59, Feb 25 2020, 23:03:10) [MSC v.1916 64 bit (AMD64)]
```

快学快用 2 在 Python 版本不满足时退出程序

使用 sys.version 属性获取 Python 版本相关信息，从中截取主版本号、次版本号和生成号的组合。

判断是否为 3.8.2，如果不是退出程序，代码如下：

```
import sys
# 从获取的版本信息中截取主版本号、次版本号和生成号的组合，并判断
if sys.version[0:5] == '3.8.2':
    print('您当前使用的是Python 3.8.2版本')
else:
    sys.exit()                                # 退出程序
```

说明：运行上面代码，如果本机运行的 Python 版本是 3.8.2，则输出“您当前使用的是 Python 3.8.2 版本”，否则，直接退出程序。

快学快用 3　获取 Python 解释器内部版本号中的日期时间信息

使用 sys.version 属性获取 Python 解释器内部版本号中的日期时间信息并输出，代码如下：

```
import sys
version = sys.version                         # 获取Python解释器的版本号等信息
index1 = version.index(",")                   # 获取第一个逗号的索引
index2 = version.index(")")                   # 获取第一个右小括号的索引
print(version[index1+2:index2])               # 截取日期部分的字符串
```

程序运行结果如下：

```
Feb 25 2020, 23:03:10
```

6.3 api_version 属性——Python 解释器的 C API 版本号

快用标签　api_version　print()

最常用　api_version 用于获取 Python 解释器的 C API 版本号。

➔ 语法

表示 Python 解释器的 C API 版本号（C 语言版的 API 版本号），语法如下：

```
sys.api_version
```

说明：api_version 属性主要用于调试 Python 和扩展模块之间的版本冲突。

➔ 应用

快学快用　输出 Python 解释器的 C API 版本号

使用 api_version 属性获取本机安装的 Python 解释器的 C API 版本号并输出，代码如下：

```python
import sys
print(sys.api_version)
```

程序运行结果如下：

```
1013
```

6.4 copyright 属性——Python 版权信息

快用标签 copyright print()

最常用 copyright 用于获取 Python 版权信息。

语法

获取与 Python 解释器相关的版权信息的字符串，语法如下：

```
sys.copyright
```

应用

快学快用 打印 Python 解释器的版权信息

打印 Python 解释器的版权信息，代码如下：

```python
import sys
print(sys.copyright)
```

程序运行结果如下：

```
Copyright (c) 2001-2018 Python Software Foundation.
All Rights Reserved.

Copyright (c) 2000 BeOpen.com.
All Rights Reserved.

Copyright (c) 1995-2001 Corporation for National Research Initiatives.
All Rights Reserved.

Copyright (c) 1991-1995 Stichting Mathematisch Centrum, Amsterdam.
All Rights Reserved.
```

6.5 hexversion 属性——十六进制的版本号

快用标签 hexversion hex() format()

最常用 hexversion 用于获取十六进制整数表示的版本号。

关键代码段

```
print(sys.hexversion)                  # 【快1】
hexversion = hex(sys.hexversion)       # Python版本号的十六进制表示形式 【快2】
print(hexversion)
if sys.hexversion == 0x30701F0:        # 判断Python版本是否是3.7.1 【快3】
```

➔ 语法

用十六进制整数表示的版本号，该整数值总是随着更新的解释器版本而增大，包括对非生产版本的适当支持。语法如下：

```
sys.hexversion
```

说明：可以使用 hex() 函数获取 hexversion 版本号的十六进制表示形式。

➔ 应用

快学快用 1 获取十六进制表示的 Python 版本号

获取并输出本机上当前正在运行的 Python 解释器的十六进制版本号，代码如下：

```
import sys
print(sys.hexversion)
```

程序运行结果如下：

```
50856688
```

快学快用 2 获取 Python 版本号的十六进制表示形式

获取并输出本机当前正在运行的 Python 解释器版本号的十六进制表示形式，代码如下：

```
import sys
hexversion = hex(sys.hexversion)    # Python版本号的十六进制表示形式
print(hexversion)
```

程序运行结果如下：

```
0x30802f0
```

快学快用 3　判断当前使用的 Python 版本

使用 sys.hexversion 属性判断当前使用的 Python 解释器版本是否是 3.7.1，代码如下：

```
import sys
if sys.hexversion == 0x30701F0:
    print('您当前使用的是Python 3.7.1版本')
else:
    print('您当前使用的不是Python 3.7.1版本')
```

程序运行结果如下：

```
您当前使用的不是Python 3.7.1版本
```

说明： 由于笔者当前使用的 Python 版本不是 3.7.1，所以输出以上结果。如果您的版本是 3.7.1，将会输出“您当前使用的是 Python 3.7.1 版本”。

快学快用 4　输出当前使用的 Python 版本号

使用 sys.hexversion 属性输出当前使用的 Python 版本号，代码如下：

```
import sys
hexversion = hex(sys.hexversion)    # Python版本号的十六进制表示形式
major = hexversion[2]               # 获取主版本号
minor = hexversion[4]               # 获取次版本号
micro = hexversion[6]               # 获取生成号
# 输出当前使用的Python版本号
print("当前使用的Python版本号：{:s}.{:s}.{:s}".format(major,minor,micro))
```

程序运行结果如下：

```
当前使用的Python版本号：3.8.2
```

6.6 implementation 属性——当前运行的解释器的信息

快用标签　implementation　print()

最常用　implementation 用于获取当前 Python 解释器的信息。

➔ 语法

一个对象，包含有关当前运行的 Python 解释器的实现的信息，该对象主要属性及说明如表 6.1 所示。

表 6.1 包含 Python 解释器信息的属性及说明

属　性	说　明
cache_tag	Python 解释器的名称和版本的组合，如“cpython-37”，如果将 cache_tag 设置为 None，则表示应禁用模块缓存
name	实现的标识符，例如“cpython”，实际的字符串由 Python 实现定义，但保证是小写的
version	一个命名元组，格式为 sys.version_info，它代表 Python 实现的版本
hexversion	十六进制整数的版本号
sys.implementation	可能包含特定于 Python 实现的其他属性，这些非标准属性必须以下划线开头

说明： implementation 属性是 Python 3.3 版本中新增的，因此只能在 Python 3.3 及以上版本使用。

语法如下：

```
sys.implementation
```

➔ 应用

快学快用　输出当前 Python 解释器的信息

使用 sys.implementation 获取当前 Python 解释器的信息并输出，代码如下：

```python
import sys
print(sys.implementation)
```

程序运行结果如下：

```
namespace(cache_tag='cpython-37', hexversion=50790896, name='cpython', version=sys.version_info(major=3, minor=7, micro=1, releaselevel='final', serial=0))
```

6.7 exit() 方法——退出 Python

快用标签　exit()　print()

最常用　exit() 表示退出 Python 解释器。

关键代码段

```
sys.exit()                              # 【快1】
sys.exit(1)                             # 【快1】
```

➔ 语法

退出 Python 解释器，即退出正在运行的程序，语法如下：

```
sys.exit([arg])
```

参数 arg 为可选参数，该参数是一个整数，表示退出状态，0 表示正常退出，非 0 表示异常终止。如果指定为一个非整数值，则将它打印到 sys.stderr，并使用退出码 1。

说明： arg 参数的取值范围通常在 0~127 范围内，否则会产生不确定的结果。

➔ 应用

快学快用 1　比较正常退出程序和异常退出程序的退出码

正常退出程序的代码如下：

```
import sys
sys.exit()
```

程序运行结果如下：

```
Process finished with exit code 0
```

通过为 sys.exit() 方法指定非 0 参数异常终止程序，代码如下：

```
import sys
sys.exit(1)
```

程序运行结果如下：

```
Process finished with exit code 1
```

说明： 比较上面两段代码的执行结果，第一段代码为正常退出程序，结果中的退出码为 0；第二段代码退出程序时指定了参数为 1，所以结果中的退出码为 1。

快学快用 2　测试使用 exit() 方法的作用

查看使用 exit() 方法之后的程序是否会执行。代码如下：

```
import sys
print('Before exit()')
sys.exit(10)
print('After exit()')                # 该行不会输出
```

程序运行结果如下：

```
Before exit()

Process finished with exit code 10
```

说明： 无论 exit() 方法出现在程序中的何处，只要程序在执行过程中调用了 exit() 方法，程序会立即终止运行。exit() 方法常用于程序错误时退出结束或调试代码。

6.8 argv 属性——程序命令行参数列表

快用标签 argv for len() str()

最常用 argv 用于获取传递给 Python 脚本的命令行参数列表。

关键代码段

```
print(sys.argv)                               # 【快1】
print('参数个数:', len(sys.argv), '个参数')      # 【快4】
print('参数列表:', str(sys.argv))
```

语法

传递给 Python 脚本的命令行参数列表。argv[0] 是脚本名称（取决于操作系统是否为完整路径名）。语法如下：

```
sys.argv
```

注意：在 Unix 系统上，命令行参数是从 OS 传递的字节。Python 使用文件系统编码和“surrogateescape”错误处理程序对它们进行解码。

应用

快学快用 1　获取 Python 脚本完整路径

使用 sys.argv 获取 Python 解释器的命令行脚本列表，并使用 sys.argv[0] 获取 Python 脚本的完整路径，代码如下：

```
import sys
print(sys.argv)
print(sys.argv[0])
```

程序运行结果如下：

```
['J:/PythonDemo/Demo.py']
J:/PythonDemo/Demo.py
```

快学快用 2　使用 -c 解释器在命令行窗口中获取参数列表

使用 -c 解释器的命令行选项执行命令，argv[0] 则将其设置为字符串“'-c'”。如果没有脚本名称传递给 Python 解释器，argv[0] 则为空字符串。在命令行中使用 -c 解释器执行 Python 脚本，命令如下：

```
python J:\PythonDemo\Demo.py -c
```

程序运行结果如下：

```
['J:\\PythonDemo\\Demo.py', '-c']
J:\PythonDemo\Demo.py
```

快学快用 3 获取命令行中除了脚本名称之外的所有参数

使用 sys.argv[1:] 获取命令行中除了脚本名称之外的所有参数，代码如下：

```
import sys
print(sys.argv[1:])
```

打开命令提示符窗口，运行 sysDemo.py 文件并添加 3 个参数 arg1、arg2 和 arg3，运行结果如图 6.1 所示。

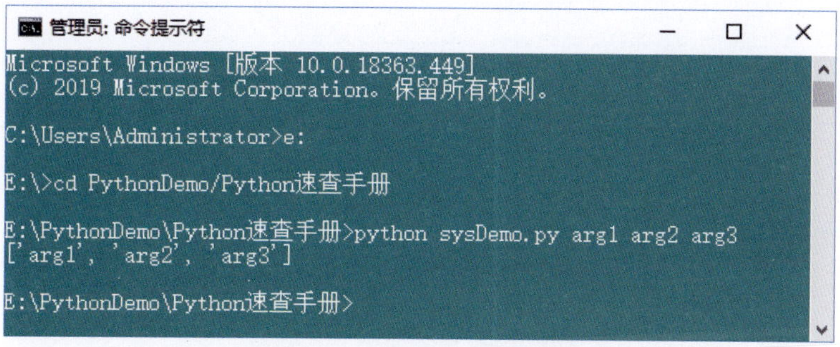

图 6.1 输出添加的所有参数

快学快用 4 获取命令行参数个数和参数列表

使用 sys.argv 获取命令行参数个数和参数列表，代码如下：

```
import sys
print('参数个数:', len(sys.argv), '个参数')
print('参数列表:', str(sys.argv))
```

打开命令提示符窗口，运行 sysDemo.py 文件并添加两个参数 arg1 和 arg2，运行结果如图 6.2 所示。

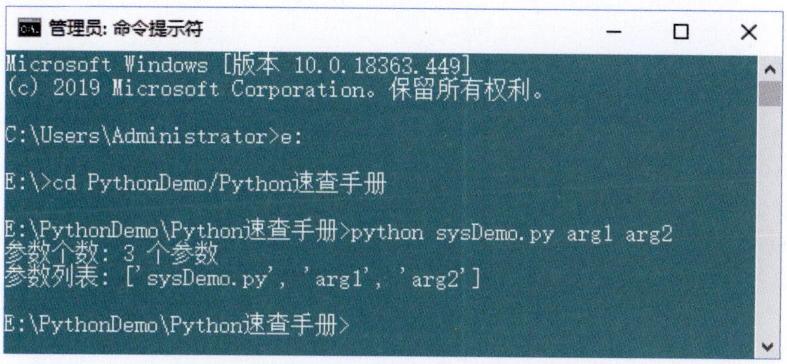

图 6.2 输出命令行参数个数和参数列表

6.9 flags 属性——启动 Python 时的命令行选项

快用标签 flags python

最常用 flags 用于获取启动 Python 时的命令行选项。

关键代码段

```
python -d -i -O -I                              #【快2】
>>> import sys
>>> sys.flags
```

➔ 语法

一个只读的结构序列，保存并导出了启动 Python 时的命令行选项，该属性主要属性及对应命令行选项如表 6.2 所示。

表 6.2 flags 类的属性及对应命令行选项

属　性	对应命令行选项	属　性	对应命令行选项
debug	-d	inspect	-i
interactive	-i	isolated	-I
optimize	-O 或者 -OO	dont_write_bytecode	-B
no_user_site	-s	no_site	-S
ignore_environment	-E	verbose	-v
bytes_warning	-b	quiet	-q
hash_randomization	-R	dev_mode	-X dev
utf8_mode	-X utf8		

说明：1. 版本 3.2 中为 quiet 属性增加了 -q 选项。2. 版本 3.2.3 新增了 hash_randomization 属性。3. 版本 3.3 中删除了过时的 division_warning 属性。 4. 版本 3.4 中为 isolated 属性增加了 -I 选项。 5. 版本 3.7 中为 dev_mode 属性增加了 -X dev 选项，为 utf8_mode 属性增加了 -X utf8 选项。

语法如下：

```
sys.flags
```

➔ 应用

快学快用 1 使用默认方式启动 Python 命令行

在 CMD 命令窗口中，输入如下命令：

```
python
>>> import sys
>>> sys.flags
```

程序运行结果如下：

```
sys.flags(debug=0, inspect=0, interactive=0, optimize=0, dont_write_bytecode=0, no_user_site=0, no_site=0, ignore_environment=0, verbose=0, bytes_warning=0, quiet=0, hash_randomization=1, isolated=0, dev_mode=False, utf8_mode=0)
```

说明：使用 Python 启动命令行时，除了 -R（hash_randomization）启用之外，其他选项皆默认关闭，启用用 1 表示，关闭用 0 表示。

快学快用 2 启动 Python 命令行时指定选项

在 CMD 命令窗口中，输入如下命令：

```
python -d -i -O -I
>>> import sys
>>> sys.flags
```

程序运行结果如下：

```
sys.flags(debug=1, inspect=1, interactive=1, optimize=1, dont_write_bytecode=0, no_user_site=1, no_site=0, ignore_environment=1, verbose=0, bytes_warning=0, quiet=0, hash_randomization=1, isolated=1, dev_mode=False, utf8_mode=0)
```

说明：上面代码在启动 python 命令行时指定了部分选项，所以输出结果中相应项的值为 1。

6.10 is_finalizing() 方法——获取是否关闭 Python 解释器

快用标签 is_finalizing()　print()

最常用 is_finalizing() 用于判断 Python 解释器是否正在关闭。

➔ 语法

如果 Python 解释器正在关闭，返回 True； 否则返回 False。语法如下：

```
sys.is_finalizing()
```

说明：is_finalizing() 方法是 Python 3.5 版本中新增的功能，因此只能在 Python 3.5 及以上版本中使用。

➔ 应用

快学快用　检查 Python 解释器是否正在关闭

使用 sys.is_finalizing() 方法获取 Python 解释器是否正在关闭，并使用 print() 函数输出得到的结果，代码如下：

```
import sys
print(sys.is_finalizing())
```

程序运行结果如下：

```
False
```

6.11 builtin_module_names 属性——获取 Python 中的所有模块名称

快用标签　builtin_module_names　def　if　else

最常用　builtin_module_names 用于获取 Python 解释器中的所有内置模块的名称。

关键代码段

```
print(sys.builtin_module_names)                # 【快1】
def find_module(module):                        # 【快2】
    if module in sys.builtin_module_names:      # 判断是否是内置模块
```

➔ 语法

一个字符串元组，给出了 Python 解释器中的所有模块的名称（不包括导入的模块）。语法如下：

```
sys.builtin_module_names
```

➔ 应用

快学快用 1　获取并输出 Python 中的所有内置模块

获取并输出 Python 中的所有内置模块，代码如下：

```
import sys
print(sys.builtin_module_names)
```

程序运行结果如下：

```
('_abc', '_ast', '_bisect', '_blake2', '_codecs', '_codecs_cn', '_codecs_hk', '_codecs_iso2022', '_codecs_jp', '_codecs_kr', '_codecs_tw', '_collections', '_csv', '_datetime', '_functools', '_heapq', '_imp', '_io', '_json', '_locale', '_lsprof', '_md5', '_multibytecodec', '_opcode', '_operator', '_pickle', '_random', '_sha1', '_sha256', '_sha3', '_sha512', '_signal', '_sre', '_stat', '_string', '_struct', '_symtable', '_thread', '_tracemalloc', '_warnings', '_weakref', '_winapi', 'array', 'atexit', 'audioop', 'binascii', 'builtins', 'cmath', 'errno', 'faulthandler', 'gc', 'itertools', 'marshal', 'math', 'mmap', 'msvcrt', 'nt', 'parser', 'sys', 'time', 'winreg', 'xxsubtype', 'zipimport', 'zlib')
```

快学快用 2 判断指定模块是否是 Python 中的内置模块

判断指定模块是否是 Python 中的内置模块，并输出判断结果，代码如下：

```
def find_module(module):
    if module in sys.builtin_module_names:  # 判断是否是内置模块
        print(module+'是内置模块')
    else:
        print(module+'不是内置模块')
import sys
find_module('os')
find_module('sys')
find_module('string')
find_module('zlib')
```

程序运行结果如下：

```
os不是内置模块
sys是内置模块
string不是内置模块
zlib是内置模块
```

6.12 ps1 属性——解释器的主要提示

快用标签 ps1　import

最常用 ps1 用于获取解释器的主提示符的值。

关键代码段

```
>>> import sys                          #【快1】
>>> sys.ps1
```

语法

指定解释器的主要提示的字符串，该属性只有在 Python 解释器处于交互模式时才可用。ps1 默认值为“>>>”。语法如下：

```
sys.ps1[=value]
```

应用

快学快用 1　获取主提示符的值

在 CMD 命令窗口中使用 sys.ps1 获取主提示符的值，代码如下：

```
>>> import sys
>>> sys.ps1
```

程序运行结果如下：

```
'>>> '
```

快学快用 2　设置主提示符为“<<<”

在 CMD 命令窗口中设置 sys.ps1 的值为“<<<”，并重新输出主提示符的值，代码如下：

```
>>> import sys
>>> sys.ps1='<<<'
<<<sys.ps1
```

程序运行结果如下：

```
'<<<'
```

6.13 ps2 属性——解释器的辅助提示

快用标签　ps2　import

最常用　ps2 用于获取解释器的辅助提示符的值。

关键代码段

```
>>> import sys                    # 【快1】
>>> sys.ps2
```

➔ 语法

指定解释器的辅助提示字符串，该属性只有在 Python 解释器处于交互模式时才可用。ps2 默认值为“…”。语法如下：

```
sys.ps2[=value]
```

➔ 应用

快学快用 1　获取辅助提示符的值

在 CMD 命令窗口中使用 sys.ps2 获取辅助提示符的值，代码如下：

```
>>> import sys
>>> sys.ps2
```

程序运行结果如下：

```
'... '
```

快学快用 2　设置辅助提示符为“***”

在 CMD 命令窗口中设置 sys.ps2 的值为“***”，并重新输出辅助提示符的值，代码如下：

```
>>> import sys
>>> sys.ps2='***'
>>> sys.ps2
```

程序运行结果如下：

```
'***'
```

6.14 __interactivehook__ 属性——交互模式下启动解释器

快用标签　__interactivehook__　import　print()

最常用　__interactivehook__ 在交互模式下启动解释器时，将自动调用其值（不带参数）。

➔ 语法

当此属性存在，并在交互模式下启动解释器时，将自动调用其值（不带参数），该操作在 PYTHONSTARTUP 文件被读取之后进行，所以开发人员可以在那之前设置此钩子函数，钩子函数在 site 模块中进行设置。语法如下：

```
sys.__interactivehook__
```

➔ 应用

快学快用　获取 __interactivehook__ 的原型及初始值

使用 sys.__interactivehook__ 获取 __interactivehook__ 的**原型**，代码如下：

```
import sys
print(sys.__interactivehook__)
```

程序运行结果如下：

```
<function enablerlcompleter.<locals>.register_readline at 0x0000015C7FDAD9D8>
```

使用 sys.__interactivehook__() 获取 __interactivehook__ 的**初始值**，代码如下：

```
import sys
print(sys.__interactivehook__())
```

程序运行结果如下：

```
None
```

6.15 getcheckinterval() 方法——获取解释器的检查间隔

快用标签　getcheckinterval()　print()　format()

最常用　getcheckinterval() 用于获取 Python 解释器的检查间隔。

➔ 语法

返回检查间隔值（以毫秒为单位），它设置 Python 解释器每隔多长时间检查信号、线程开关和其他定期的事件，语法如下：

```
sys.getcheckinterval()
```

说明： 从 Python 3.2 版本开始，不推荐使用 getcheckinterval() 方法，而应该使用 getswitchinterval() 方法。

➔ 应用

快学快用 1 获取 Python 解释器的默认检查间隔

获取 Python 解释器的默认检查间隔，代码如下：

```
import sys
print(sys.getcheckinterval()) # 输出默认检查间隔
```

程序运行结果如下：

```
100
J:/PythonDemo/Demo.py:49: DeprecationWarning: sys.getcheckinterval() and sys.setcheckinterval()
are deprecated.  Use sys.getswitchinterval() instead.
  print(sys.getcheckinterval()) # 输出默认检查间隔
```

说明：上面的运行结果中输出了默认检查间隔为 100，但同时下面有个警告，提示 getcheckinterval() 方法已经过期，推荐使用 sys.getswitchinterval()。

快学快用 2 获取 Python 解释器的默认检查间隔并格式化

获取 Python 解释器的默认检查间隔并保留 3 位小数，代码如下：

```
import sys
interval = sys.getcheckinterval()
print('interval = {:0.3f}'.format(interval))
```

程序运行结果如下：

```
interval = 100.000
E:/PythonDemo/Demo.py:2: DeprecationWarning: sys.getcheckinterval() and sys.setcheckinterval()
are deprecated.  Use sys.getswitchinterval() instead.
  interval = sys.getcheckinterval()
```

6.16 setcheckinterval() 方法——设置解释器的检查间隔

快用标签 setcheckinterval() getcheckinterval() print()

最常用 setcheckinterval(interval)，interval 表示要设置的检查间隔。

关键代码段

```
sys.setcheckinterval(10)              # 手动设置检查间隔为10 【快】
print(sys.getcheckinterval())         # 输出设置完的检查间隔
```

➔ 语法

设置解释器的“检查间隔”，此整数值确定解释器检查周期性事物（如线程切换和信号处理程序）的频率。默认值是 100，意味着每 100 条 Python 虚拟指令执行一次检查。将其设置为更大的值，可以提高使用线程的程序的性能；而如果将其设置为小于等于 0 的值，将检查每个虚拟指令，从而最大限度地提高响应速度和开销。语法如下：

```
sys.setcheckinterval(interval)
```

参数说明：

❖ interval：要设置的检查间隔。

说明：从 Python 3.2 版本开始，不推荐使用 setcheckinterval() 方法，而应该使用 setswitchinterval() 方法。

➔ 应用

快学快用 设置并获取 Python 解释器的检查间隔

首先获取 Python 解释器的默认检查间隔，然后使用 sys.setcheckinterval() 将检查间隔设置为 10，再次获取设置之后的 Python 解释器检查间隔，代码如下：

```
import sys
print(sys.getcheckinterval())       # 输出默认检查间隔
sys.setcheckinterval(10)            # 手动设置检查间隔为10
print(sys.getcheckinterval())       # 输出设置完的检查间隔
```

程序运行结果如下：

```
100
10
  print(sys.getcheckinterval())
J:/PythonDemo/ Demo.py:20: DeprecationWarning: sys.getcheckinterval() and sys.setcheckinterval() are deprecated.  Use sys.setswitchinterval() instead.
  sys.setcheckinterval(10)
J:/PythonDemo/Demo.py:21: DeprecationWarning: sys.getcheckinterval() and sys.setcheckinterval() are deprecated.  Use sys.getswitchinterval() instead.
  print(sys.getcheckinterval())
```

说明：运行 6.15 和 6.16 小节中的程序，输出了检查间隔为 100 和手动设置后的检查间隔 10 的结果，但同时下面有两个警告，提示 setcheckinterval() 和 getcheckinterval() 方法已经过期，推荐使用 sys.getswitchinterval() 和 sys.setswitchinterval()。

第7章　Windows系统相关

7.1　getwindowsversion() 方法——获取 Windows 系统版本信息

快用标签　getwindowsversion()　print()　str()

最常用　getwindowsversion() 用于获取当前的 Windows 系统版本信息。

关键代码段

```
print(sys.getwindowsversion())                # 【快1】
__MAJOR, __MINOR, __MICRO = sys.getwindowsversion()[0], sys.getwindowsversion()[1],
sys.getwindowsversion()[2]                    # 【快2】
print('Windows主版本号:' + str(__MAJOR))
print('Windows次版本号:' + str(__MINOR))
print('Windows编译号:' + str(__MICRO))
__SP = sys.getwindowsversion()[4]             # 获取补丁信息 【快3】
```

➔ 语法

返回一个描述当前正在运行的 Windows 系统版本的元组，该元组中包括 5 个元素，分别是 major、minor、build、platform 和 text。其中，major 是主版本号；minor 是次版本号；build 是 Windows 系统编译号；platform 标识平台，值可以为 0（表示 Window 3.1 上的 Win32）、1（表示 Windows 95、98 或 Me）、2（表示 Windows NT，如 Window XP、Windows 10 等）；text 是 Windows 系统的 SP 补丁信息。语法如下：

```
sys.getwindowsversion()
```

说明：getwindowsversion() 方法只能在 Windows 操作系统中使用。

➔ 应用

快学快用 1　获取当前的 Windows 版本信息

获取当前的 Windows 版本信息并输出到屏幕中，代码如下：

```
import sys
print(sys.getwindowsversion())
```

程序运行结果如下：

```
sys.getwindowsversion(major=10, minor=0, build=18362, platform=2, service_pack='')
```

快学快用 2　分别获取 Windows 系统的版本号信息

分别获取 Windows 系统的主版本号、次版本号和编译号并输出到屏幕中，代码如下：

```
import sys
# 检测Windows版本号
__MAJOR, __MINOR, __MICRO = sys.getwindowsversion()[0], sys.getwindowsversion()[1], sys.getwindowsversion()[2]
print('Windows主版本号:' + str(__MAJOR))
print('Windows次版本号:' + str(__MINOR))
print('Windows编译号:' + str(__MICRO))
```

程序运行结果如下：

```
Windows主版本号:10
Windows次版本号:0
Windows编译号:18362
```

快学快用 3　判断系统是否安装了补丁

判断当前的 Windows 系统是否安装了补丁，代码如下：

```
import sys
__SP = sys.getwindowsversion()[4]    # 获取补丁信息
if __SP=='':
    print('当前系统没有安装任何补丁')
else:
    print('当前系统已经安装了 %s 补丁' %(__SP))
```

程序运行结果如下：

```
当前系统没有安装任何补丁
```

说明：根据执行的计算机不同，结果也不同。

7.2 platform 属性——获取系统标识符

快用标签　platform　print()　import

最常用 platform 用于获取当前系统的标识符。

关键代码段

```
print(sys.platform)                    # 【快1】
if sys.platform=='win32':              # 【快2】
    print('当前是Windows平台')
```

语法

一个字符串，表示系统标识符，操作系统及对应的 platform 值如表 7.1 所示。

表 7.1 操作系统及对应的 platform 值

系统	platform 值
Linux	linux
Windows	win32
Windows / Cygwin	cygwin
Mac OS X	darwin

说明：从 Python 3.3 版开始，在 Linux 系统中使用 sys.platform 获取系统标识符时，获取到的系统标识符不再包含主要版本，即得到的结果是“linux”，而不是“linux2”或“linux3”。

语法如下：

```
sys.platform
```

应用

快学快用 1 获取当前系统标识符

获取当前系统的标识符，代码如下：

```
import sys
print(sys.platform)
```

程序运行结果如下：

```
win32
```

快学快用 2 判断当前系统平台是否为指定平台

判断是否为 Windows 系统平台，代码如下：

```
import sys
if sys.platform=='win32':
    print('当前是Windows平台')
```

判断是否为 Linux 系统平台，代码如下：

```
import sys
if sys.platform=='linux':
    print('当前是Linux平台')
```

判断是否为 MacOS 系统平台，代码如下：

```
import sys
if sys.platform=='darwin':
    print('当前是MacOS平台')
```

7.3 winver 属性——Windows 平台上形成注册表项的版本号

快用标签 winver import print()

最常用 winver 用于获取 Python 解释器在 Windows 系统平台上生成注册表项的版本号。

➔ 语法

用于在 Windows 系统平台上生成注册表项的版本号，它作为字符串资源存储在 Python DLL 中。该值通常是 version 属性的前 3 个字符。语法如下：

```
sys.winver
```

说明：winver 属性只能用于 Windows 系统中。

➔ 应用

快学快用 获取使用 Python 解释器生成注册表项的版本号

使用 sys.winver 属性获取 Python 解释器在 Windows 系统平台上生成注册表项的版本号并输出，代码如下：

```
import sys
print(sys.winver)
```

程序运行结果如下：

```
3.7
```

7.4 settrace() 方法——设置系统的跟踪功能

快用标签　settrace()　def　print()

最常用　settrace(tracefunc)，tracefunc 表示要设置的跟踪函数名称。

关键代码段

```
def Test(frame,event,arg):      # 【快】
    caller=frame.f_back         # 获取当前堆栈
    print('call',caller)        # 返回调用的堆栈信息
sys.settrace(Test)              # 设置跟踪函数 【快】
```

➔ 语法

设置系统的跟踪功能，允许在 Python 中实现 Python 源代码调试器，该函数是特定于线程的，其语法如下：

```
sys.settrace(tracefunc)
```

参数说明：

- tracefunc 表示要设置的跟踪函数名称，跟踪函数应该有 3 个参数：frame、event 和 arg，他们的含义如下：
  - frame：当前的堆栈帧。
  - event：一个字符串，“call”“line”“return”“exception”或“opcode”，它们的意义如下：
    - call：如果全局跟踪函数被调用或者一个函数被调用，或输入一些其他代码块，arg 是 None，返回值为本地跟踪功能。
    - line：解释器即将执行新的代码行或重新执行循环的条件。如果调用本地跟踪功能，arg 是 None，返回值指定新的本地跟踪功能。
    - return：函数（或其他代码块）即将返回。如果调用本地跟踪功能，arg 是将返回的值；或者 None，跟踪函数的返回值被忽略。
    - exception：发生了异常。如果调用本地跟踪功能，arg 是一个 (exception,value,traceback) 元组，返回值指定新的本地跟踪功能。
    - opcode：解释器即将执行新的操作码。如果调用本地跟踪功能，arg 是 None，返回值指定新的本地跟踪功能。默认情况下不会发出操作码事件，必须通过设置 f_trace_opcodes 为 True，来显式请求它们。
  - arg：取决于事件类型。

注意： settrace() 函数仅用于实现调试器、分析器、覆盖工具等，它的行为是实现平台的一部分，而不是语言定义的一部分，因此不是在所有 Python 实现中都可用。

➔ 应用

快学快用　通过设置跟踪函数跟踪程序执行过程

使用 sys.settrace() 函数设置一个自定义的跟踪函数，跟踪程序执行过程中的访问，代码如下：

```python
import sys
# 定义一个函数，用来作为跟踪函数，必须定义3个参数
def Test(frame,event,arg):
    caller=frame.f_back          # 获取当前堆栈
    print('call',caller)         # 返回调用的堆栈信息
def testA():                     # 测试输出
    print('testA')
def testB():                     # 测试输出
    print('testB')
    testA()                      # 调用testA()
sys.settrace(Test)               # 设置跟踪函数
testB()                          # 调用testB()
```

程序运行结果如下：

```
call <frame at 0x000001E6949FE9F8, file 'J:/PythonDemo/Demo.py', line 32, code <module>>
testB
call <frame at 0x000001E694A62FA8, file 'J:/PythonDemo/Demo.py', line 30, code testB>
testA
call None
call <frame at 0x000001E696642570, file 'D:\\Python\\Python37\\Lib\\threading.py', line 1278,
code _shutdown>
……
```

7.5 gettrace() 方法——获取设置的跟踪函数

快用标签　gettrace()　settrace()　print()

最常用　gettrace() 用于获取由 settrace() 方法设置的跟踪函数。

关键代码段

```
print('默认跟踪函数：', sys.gettrace())          # 获取默认跟踪函数 【快】
sys.settrace(Test)                            # 设置跟踪函数
testB()                                       # 调用testB()
print('设置的跟踪函数：',sys.gettrace())         # 获取设置的跟踪函数
```

➔ 语法

获取由 settrace() 方法设置的跟踪函数，语法如下：

```
sys.gettrace()
```

说明： gettrace() 方法仅用于实现调试器、分析器、覆盖工具等，它是实现平台的一部分，而不是语言定义的一部分。因此，该方法并非在所有 Python 实现中都可用。

➔ 应用

快学快用　跟踪函数设置前后的对比

首先获取默认的跟踪函数，然后使用 sys.settrace() 函数设置一个自定义的跟踪函数，最后使用 sys.gettrace() 获取设置之后的跟踪函数，代码如下：

```
import sys
# 定义一个函数，用来作为跟踪函数，必须定义3个参数
def Test(frame,event,arg):
    caller=frame.f_back                       # 获取当前堆栈
    print('call',caller)                      # 返回调用的堆栈信息
def testA():                                  # 测试输出
    print('testA')
def testB():                                  # 测试输出
    print('testB')
    testA()                                   # 调用testA()
print('默认跟踪函数：', sys.gettrace())          # 获取默认跟踪函数
sys.settrace(Test)                            # 设置跟踪函数
testB()                                       # 调用testB()
print('设置的跟踪函数：',sys.gettrace())         # 获取设置的跟踪函数
```

程序运行结果如下：

```
默认跟踪函数： None
call <frame at 0x000001CF07EAE9F8, file 'J:/PythonDemo/Demo.py', line 33, code <module>>
testB
call <frame at 0x000001CF07D62B08, file 'J:/PythonDemo/Demo.py', line 30, code testB>
testA
设置的跟踪函数： <function Test at 0x000001CF07EED2F0>
```

7.6 getrefcount() 方法——获取对象的引用计数

快用标签 getrefcount() class pass print()

最常用 getrefcount(object)，object 表示任意对象。

关键代码段

```
class Test:                              # 定义一个类 【快1】
    pass
t = Test()                               # 创建类的对象
print(sys.getrefcount(Test()))           # Test()作为参数
print(sys.getrefcount(t))                # 对象t作为参数
```

语法

返回对象的引用计数，返回的计数通常比预期的高一个，因为使用参数引用时，参数会引用一次，同时参数会自动产生一个临时引用。语法如下：

```
sys.getrefcount(object)
```

参数说明：

- object：任意一个对象。
- 返回值：object 的引用计数。

应用

快学快用 1 比较参数为构造函数和对象时的引用计数

定义一个测试类，分别以构造函数直接创建对象的方式和对象的方式向 sys.getrefcount() 方法中传入参数，并分别输出它们的引用计数，代码如下：

```
import sys
class Test:                              # 定义一个类
    pass
t = Test()                               # 创建类的对象
print(sys.getrefcount(Test()))           # Test()作为参数
print(sys.getrefcount(t))                # 对象t作为参数
```

程序运行结果如下：

```
1
2
```

说明： 使用 Test() 作为参数，返回 1，因为 Test() 不是引用；而使用对象 t 作为参数，t 本身就是引用 Test()，但是它又引用了一次 Test()，所以输出为 2。

快学快用 2　输出不同大小整数对象的引用计数

分别向 sys.getrefcount() 方法中传入几个不同大小的整数，并输入它们的引用计数，比较输出结果。代码如下：

```
import sys
print('参数为1：',sys.getrefcount(1))
print('参数为256：',sys.getrefcount(256))
print('参数为257：',sys.getrefcount(257))
print('参数为1111111：',sys.getrefcount(1111111))
print('参数为-5439：',sys.getrefcount(-5439))
```

程序运行结果如下：

```
参数为1： 1587
参数为256： 75
参数为257： 3
参数为1111111： 3
参数为-5439： 3
```

说明： 在 Python 启动解释器时，会创建一个小整数池，-5~256 之间的整数对象会被自动创建并加载到内存中等待调用，所以会根据值的不同，输出不同的计数，而在此范围之外的所有整数作为参数时，sys.getrefcount() 返回固定值 3。

7.7 getsizeof() 方法——返回对象占用内存大小

快用标签　getsizeof()　import　print()

最常用　getsizeof(object)，object 表示要检测的对象。

关键代码段

```
print('列表：',sys.getsizeof([]))        # 【快】
print('字符串：',sys.getsizeof(''))
print('整数：',sys.getsizeof(1))
```

语法

查看 python 对象的内存占用，单位为字节（byte），语法如下：

```
sys.getsizeof(object[,default])
```

- object：要检测的对象。
- default：可选参数，若指定了该参数，如果对象未提供检索大小的方法，则返回 default；否则抛出 TypeError 异常。

应用

快学快用　获取不同类型对象所占用的内存大小

获取不同类型对象所占用的内存大小，代码如下：

```
import sys
print('列表：',sys.getsizeof([]))
print('元组：',sys.getsizeof(()))
print('字典：',sys.getsizeof({}))
print('字符串：',sys.getsizeof(''))
print('字节：',sys.getsizeof(b'bytes'))
print('整数：',sys.getsizeof(1))
print('小数：',sys.getsizeof(3.14))
```

程序运行结果如下：

```
列表： 64
元组： 48
字典： 240
字符串： 49
字节： 38
整数： 28
小数： 24
```

说明： sys.getsizeof() 方法实际上是调用了 __sizeof__() 方法。例如，获取字符串占用的内存大小可以使用下面代码：

```
print(''.__sizeof__())
```

7.8 getallocatedblocks() 方法——获取当前分配的内存块数量

最常用 getallocatedblocks() 用于获取 Python 解释器当前分配的内存块数量。

关键代码段

```
print(sys.getallocatedblocks()) #【快】
```

➔ 语法

返回 Python 解释器当前分配的内存块数量，该功能主要用于跟踪和调试内存泄露。如果 Python 构建或实现无法合理地计算信息，getallocatedblocks() 返回 0。语法如下：

```
sys.getallocatedblocks()
```

说明：1. 由于 Python 解释器的内部缓存等原因，结果可能会因调用而不同，这时最好调用 _clear_type_cache() 方法和 gc.collect() 方法获得更可准确的结果。2. getallocatedblocks() 方法是 Python 3.4 版本中新增加的，因此只能在 Python 3.4 及以上版本中才可以使用。

➔ 应用

快学快用　获取当前分配的内存块数量

使用 sys.getallocatedblocks() 方法获取 Python 解释器当前分配的内存块数量，并使用 print() 函数进行输出，代码如下：

```
import sys
print(sys.getallocatedblocks())
```

程序运行结果如下：

```
131585
```

7.9 _debugmallocstats() 方法——获取 CPython 内存的低级信息

最常用　debugmallocstats() 用于获取 CPython 内存分配器状态的低级信息。

关键代码段

```
print(sys._debugmallocstats()) #【快】
```

➔ 语法

向 stderr 打印关于 CPython 内存分配器状态的低级信息。如果 Python 配置为 -with-pydebug，它还会执行一些内部一致性检查。语法如下：

```
sys._debugmallocstats()
```

说明：_debugmallocstats() 方法特定于 CPython，并且是在 Python 3.3 中新增的方法，因此只能用于 Python 3.3 及以上版本。

➔ 应用

快学快用　打印 CPython 内存分配器状态的低级信息

使用 sys._debugmallocstats() 方法获取 CPython 内存分配器状态的低级信息，并使用 print() 函数输出，代码如下：

```
import sys
print(sys._debugmallocstats())
```

程序运行结果如下：

```
Small block threshold = 512, in 64 size classes.

class   size   num pools   blocks in use  avail blocks
-----   ----   ---------   -------------  ------------
    0      8           1             419            87
    1     16           2             418            88
    2     24           4             571           101
    3     32          28            3489            39
……
# arenas allocated total           =                   61
# arenas reclaimed                 =                   16
# arenas highwater mark            =                   45
# arenas allocated current         =                   45
45 arenas * 262144 bytes/arena     =           11,796,480

# bytes in allocated blocks        =           11,194,064
# bytes in available blocks        =              147,832
43 unused pools * 4096 bytes       =              176,128
# bytes lost to pool headers       =              136,176
# bytes lost to quantization       =              142,280
# bytes lost to arena alignment    =                    0
Total                              =           11,796,480

       2 free PyCFunctionObjects * 48 bytes each =                 96
          79 free PyDictObjects * 48 bytes each =               3,792
……
None
```

7.10 path_importer_cache 属性——查找程序对象缓存的字典

快用标签 path_importer_cache getcwd() path_hooks

最常用 path_importer_cache 用于获取 Python 程序及其对象缓存的字典。

关键代码段

```
print(sys.path_importer_cache)                # 【快1】
path = os.getcwd()                            # 获取当前目录 【快2】
finder = sys.path_importer_cache[path]        # 获取指定路径的查找程序 【快2】
finder = sys.path_hooks                       # 创建finder 【快2】
sys.path_importer_cache[path] = finder        # 定义查找程序缓存
```

语法

返回查找程序对象缓存的字典，键是已传递到 sys.path_hooks 的路径，值是找到的查找程序。如果路径是有效的文件系统路径但未在 sys.path_hooks 中找到查找器，则值为 None。语法如下：

```
sys.path_importer_cache
```

应用

快学快用 1 获取程序及其对象缓存的字典

使用 path_importer_cache 属性获取 Python 程序及其对象缓存的字典，并输出，代码如下：

```
import sys
print(sys.path_importer_cache)
```

程序运行结果如下：

```
{'J:\\PythonDemo': FileFinder('J:\\PythonDemo'), 'D:\\Program Files\\JetBrains\\PyCharm 2019.1.3\\helpers\\pycharm_matplotlib_backend': FileFinder('D:\\Program Files\\JetBrains\\PyCharm 2019.1.3\\helpers\\pycharm_matplotlib_backend'), 'D:\\Program Files\\JetBrains\\PyCharm 2019.1.3\\helpers\\pycharm_display': FileFinder('D:\\Program Files\\JetBrains\\PyCharm 2019.1.3\\helpers\\pycharm_display'), 'J:\\PythonDemo\\venv\\Scripts\\python37.zip': None, 'D:\\Python\\Python37\\Lib\\': FileFinder('D:\\Python\\Python37\\Lib\\'), 'D:\\Python\\Python37\\Lib\\encodings': FileFinder('D:\\Python\\Python37\\Lib\\encodings'), 'D:\\Python\\Python37\\Lib': FileFinder('D:\\Python\\Python37\\Lib'), ……
```

快学快用 2　获取指定路径的查找程序

使用 path_importer_cache 属性获取指定路径的查找程序，如果未找到，就定义查找程序的缓存，代码如下：

```
import sys
import os
path = os.getcwd()                             # 获取当前目录
try:
    finder = sys.path_importer_cache[path]     # 获取指定路径的查找程序
except KeyError:
    finder = sys.path_hooks                    # 创建finder
    sys.path_importer_cache[path] = finder     # 定义查找程序缓存
print(sys.path_importer_cache[path])
```

程序运行结果如下：

```
[<class 'zipimport.zipimporter'>, <function FileFinder.path_hook.<locals>.path_hook_for_FileFinder at 0x003D77C0>]
```

7.11 dllhandle 属性——针对 Python DLL 的整数句柄

最常用　dllhandle 用于获取 Python DLL 组件句柄的整数表示形式。

关键代码段

```
print(sys.dllhandle) # 【快】
```

语法

获取 Python DLL 的整数句柄，仅限于 Windows 系统中使用，代码如下：

```
sys.dllhandle
```

应用

快学快用　获取 Python DLL 的句柄

使用 sys.dllhandle 属性获取 Python DLL 组件句柄的整数表示形式并输出，代码如下：

```
import sys
print(sys.dllhandle)
```

程序运行结果如下：

```
140704359776256
```

第8章　虚拟环境与路径

8.1　executable 属性——Python 解释器的绝对路径

最常用　sys.executable

关键代码段

```
print(sys.executable) # 【快】
```

语法

一个字符串，表示 Python 解释器的可执行文件的绝对路径。如果 Python 无法检索其可执行文件的真实路径，sys.executable 属性将返回空字符串或 None。语法如下：

```
sys.executable
```

应用

快学快用　输出 Python 解释器的路径

使用 sys.excutable 属性获取并输出 Python 解释器的绝对路径，代码如下：

```
import sys
print(sys.executable)
```

程序运行结果如下：

```
D:\Python\Python37\python.exe
```

8.2　path 属性——指定模块搜索路径

快用标签　path　append()　split()　count()

最常用　sys.path

关键代码段

```
for i in sys.path:                    # 遍历所有路径列表 【快1】
print("当前Python文件的路径为：", sys.path[0]) # 【快2】
sys.path.append("./module")           # 添加模块搜索路径 【快3】
it = i.split("\\")                    # 将路径以“\”分割 【快4】
if it.count("pip")>0:                 # 判断路径中是否含有字符串“pip”  【快5】
```

➔ 语法

一个字符串列表，表示指定模块的搜索路径。在程序启动时，此列表的第一项 path[0] 通常是 Python 脚本（.py 文件）所在的目录。如果脚本目录不可用（例如，交互式调用解释器或者从标准输入读取脚本），则 path[0] 为空字符串，它指示 Python 首先搜索当前目录中的模块。语法如下：

```
sys.path
```

➔ 应用

快学快用 1　输出 Python 解释器的模块搜索路径

使用 sys.path 获取 Python 解释器的模块搜索路径，并遍历输出，代码如下：

```
import sys
for i in sys.path:            # 遍历所有路径列表
    print(i)                  # 输出遍历到的路径
```

程序运行结果如下：

```
D:\soft\python\demo\easystudy
D:\soft\python\demo
D:\soft\python\python\python38.zip
D:\soft\python\python\DLLs
D:\soft\python\python\lib
D:\soft\python\python
D:\soft\python\demo\venv
D:\soft\python\demo\venv\lib\site-packages
D:\soft\python\demo\venv\lib\site-packages\setuptools-39.1.0-py3.8.egg
D:\soft\python\demo\venv\lib\site-packages\pip-10.0.1-py3.8.egg
```

说明： 上面运行结果中的第一行“D:\soft\python\demo\easystudy”是本示例的 Python 代码文件所在的目录。

快学快用 2　获取当前 .py 文件的路径

使用 sys.path 属性获取 Python 解释器的模块搜索路径，该路径列表中的第一条路径即为当前 .py 文件路径。代码如下：

```
import sys
print("当前Python文件的路径为：", sys.path[0])
```

程序运行结果如下：

```
当前Python文件的路径为： D:\soft\python\demo\easystudy
```

快学快用 3　向模块搜索路径中添加一个指定路径

使用 sys.path 属性的 append() 方法向模块搜索路径中添加“./module”，然后遍历输出最新的模块搜索路径，代码如下：

```python
import sys
sys.path.append("./module")                     # 添加模块搜索路径
for i in sys.path:                              # 遍历所有路径列表
    print(i)                                    # 输出遍历到的路径
```

程序运行结果如下：

```
……与示例1的运行结果相同
./module
```

快学快用 4　输出 Python 解释器的模块中文件夹路径

使用 sys.path 属性遍历解释器的模块搜索路径，并且判断该路径是否是文件夹，如果是则输入该文件夹的路径。代码如下：

```python
import sys, os
for i in sys.path:                              # 遍历所有路径
    it = i.split("\\")                          # 将路径以“\”分割
    filename = it[len(it) - 1]                  # 分割后的最后一个字符串
    if len(filename.split(".")) <= 1:           # 判断以“.”分割的列表的长度是否大于1
        print(i)
```

程序运行结果如下：

```
D:\soft\python\demo\easystudy
D:\soft\python\demo
D:\soft\python\python\DLLs
D:\soft\python\python\lib
D:\soft\python\python
D:\soft\python\demo\venv
D:\soft\python\demo\venv\lib\site-packages
```

快学快用 5　获取 Python 解释器搜索路径中 pip 包管理工具的路径

使用 sys.path 属性遍历解释器的模块搜索路径，然后判断路径中是否含有字符串“pip”，若有则输出路径。代码如下：

```python
import sys
path1=sys.path                                  # 获取Python解释器的模块中文件夹的路径
for it in path1:                                # 遍历路径
    if it.count("pip")>0:                       # 判断路径中是否含有字符串“pip”
        print(it)                               # 输出路径
```

程序运行结果如下：

```
D:\soft\python\demo\venv\lib\site-packages\pip-10.0.1-py3.8.egg
```

8.3 base_exec_prefix 属性——获取 Python 安装目录

最常用 sys.base_exec_prefix

关键代码段

```
print(sys.base_exec_prefix)                # 【快1】
if sys.base_exec_prefix[0:1]=='C':         # 判断是否安装在C盘 【快2】
```

语法

在 site.py 运行之前，Python 启动时，base_exec_prefix 属性被设置为与 exec_prefix 属性同样的值。如果不是运行在虚拟环境中，base_exec_prefix 属性和 exec_prefix 属性的值会保持相同；如果 site.py 发现处于一个虚拟环境中，prefix 和 exec_prefix 将会指向虚拟环境，而 base_exec_prefix 将仍然会指向基础的 Python 环境（用来创建虚拟环境的 Python 环境）。语法格式如下：

```
sys.base_exec_prefix
```

应用

快学快用 1 输出 Python 的安装目录

输出 Python 的安装目录，代码如下：

```
import sys
print(sys.base_exec_prefix)
```

程序运行结果如下：

```
D:\Python\Python37
```

快学快用 2 判断 Python 是否安装在 C 盘

获取 Python 的安装目录，然后判断路径是否在 C 盘。代码如下：

```
import sys
print('Python安装目录：'+sys.base_exec_prefix)
if sys.base_exec_prefix[0:1]=='C':        # 判断是否安装在C盘
    print('Python安装在系统盘C盘中，请谨慎！')
else:
    print('Python没有安装在系统盘C盘中，这个习惯不错哦！')
```

程序运行结果如下：

```
Python安装目录：D:\Python\Python37
Python没有安装在系统盘C盘中，这个习惯不错哦！
```

快学快用 3　判断当前项目与 Python 安装路径目录是否在同一磁盘里

通过 sys.path 属性获取的模块搜索路径中的第一条路径就是当前文件的路径，然后通过 sys.base_exec_prefix 属性获取 Python 的安装路径，最后判断它们是否在同一磁盘里。代码如下：

```python
import sys
path1 = sys.path[0]                          # 当前项目路径
path2 = sys.base_exec_prefix                 # Python的安装路径
if path1[0:1] == path2[0:1]:
    print("项目与Python都在", path1[0:1], "磁盘里")
else:
    print("项目文件在", path1[0:1], "盘，Python被安装在", path2[0:1], "盘")
```

程序运行结果如下：

```
项目与Python都在 D 磁盘里
```

8.4　base_prefix 属性——获取 Python 虚拟环境目录

快用标签　base_prefix　replace()　len()　listdir()

最常用　sys.base_prefix

关键代码段

```python
path1 = sys.prefix                          # 获取虚拟路径 【快2】
path = path1.replace("\\", "/")             # 将路径中的“\”替换为“/”
print("该路径的子文件夹数量为", len(os.listdir(path)))
```

➔ 语法

在 site.py 运行之前，Python 启动时，base_prefix 属性被设置为与 prefix 属性同样的值。如果不是运行在虚拟环境中，base_prefix 属性和 prefix 属性的值会保持相同；如果 site.py 发现处于一个虚拟环境中，prefix 属性和 exec_prefix 属性将会指向虚拟环境，而 base_prefix 属性将仍然会指向基础的 Python 环境（用来创建虚拟环境的 Python 环境）。语法格式如下：

```
sys.base_prefix
```

➔ 应用

快学快用 1　输出 Python 的虚拟环境目录

输出 Python 的安装目录，代码如下：

```
import sys
print(sys.base_prefix)
```

程序运行结果如下：

```
D:\Python\Python37
```

快学快用 2　输出 Python 虚拟环境中子文件夹的数量

首先获取虚拟环境路径目录，然后通过 os 模块的 listdir() 方法遍历文件夹，最后输出文件夹数量。代码如下：

```
import sys
import os                              # 需要使用os模块的listdir()方法遍历文件夹
path1 = sys.prefix                     # 获取虚拟路径
path = path1.replace("\\", "/")        # 将路径中的“\”替换为“/”
print("该路径的子文件夹数量为", len(os.listdir(path)))
```

程序运行结果如下：

```
该路径的子文件夹数量为 4
```

8.5 exec_prefix 属性——获取 Python 安装文件目录

快用标签　exec_prefix c_ulonglong() c_wchar_p() pointer() GetDiskFreeSpaceExW() ctypes

最常用　sys.exec_prefix

关键代码段

```
addr = sys.exec_prefix[0:1]              # 获取文件所在磁盘 【快2】
free_bytes = ctypes.c_ulonglong(0)       # 获取该磁盘的剩余空间
ctypes.windll.kernel32.GetDiskFreeSpaceExW(ctypes.c_wchar_p(addr+":\\"), None, None,
ctypes.pointer(free_bytes))
```

➔ 语法

一个字符串，表示特定的目录前缀，其中安装了与平台相关的 Python 文件。语法如下：

```
sys.exec_prefix
```

说明： 可以在构建程序时，使用 configure 脚本的 __exec_prefix 参数对其进行设置。其中，所有的配置文件被安装在“exec_prefix/lib/pythonX.Y/config”路径下；所有的共享模块被安装在“exec_prefix/lib/pythonX.Y/lib-dynload”路径下，X、Y 是 Python 的版本号。

注意： 如果虚拟环境生效，则该属性的值为虚拟环境的目录。

➔ 应用

快学快用 1　获取 Python 安装文件的目录

获取 Python 安装文件的目录，代码如下：

```
import sys
print(sys.exec_prefix)
```

程序运行结果如下：

```
J:\PythonDemo\venv
```

说明： 上面代码运行后的返回结果是一个虚拟目录，这是在 PyCharm 中创建项目时创建的一个虚拟目录。

如果在 CMD 命令窗口中使用 Python 命令运行包含以上代码的脚本，命令如下：

```
python J:\PythonDemo\Python速查手册\sysDemo.py
```

程序运行结果如下：

```
D:\Python\Python37
```

说明： 上面返回的“D:\Python\Python37”是笔者的本机 Python 安装目录。

快学快用 2　获取 Python 安装文件所在磁盘的剩余空间

获取 Python 安装文件所在磁盘的剩余空间，代码如下：

```
import ctypes
import sys
addr = sys.exec_prefix[0:1]                # 获取文件所在磁盘
free_bytes = ctypes.c_ulonglong(0)         # 获取该磁盘的剩余空间
ctypes.windll.kernel32.GetDiskFreeSpaceExW(ctypes.c_wchar_p(addr+":\\"), None, None, ctypes.pointer(free_bytes))
print("Python安装文件在",addr,"盘，并且",addr,"盘中还有",free_bytes.value / 1024 / 1024 / 1024,"GB剩余空间")
```

程序运行结果如下：

```
Python文件在 D 盘中，并且 D 盘中还有 217.86078643798828GB 剩余空间
```

8.6 prefix 属性——表示特定于站点的目录前缀

最常用 sys.exec_prefix

语法

一个字符串，表示特定于站点的目录前缀，其中安装了与平台无关的 Python 文件。语法如下：

```
sys.prefix
```

注意： 如果虚拟环境生效，则 site.py 文件中的此值将会指向虚拟环境，而 Python 安装文件的值仍然可以通过 base_prefix 属性得到。

应用

快学快用 获取 Python 虚拟环境的安装目录

使用 sys.prefix 属性可以获取与平台无关的 Python 文件的安装目录，这里使用该属性获取 Python 虚拟环境的安装目录（在 PyCharm 中创建项目，然后在项目中创建 Python 文件来存储下面代码）。代码如下：

```
import sys
print(sys.prefix)
```

程序运行结果如下：

```
J:\PythonDemo\venv
```

8.7 meta_path——获取元路径查找器对象的列表

最常用 sys.meta_ path

关键代码段

```
print(sys.meta_path)  #【快】
```

语法

元路径查找器对象的列表，其 find_spec() 方法用来查看某对象是否可以找到要导入的模块。

说明： 1. find_spec() 方法调用时，第一个参数必须是要导入模块的绝对名称；如果要导入的模块包含在包中，则父包的 __path__ 属性为第二个参数。该方法返回模块规范，如果未找到模块，返回 None。 2. 在 Python 3.4 版本之前，使用 find_module() 方法来实现与 find_spec() 方法相同的功能。实际应用时，如果 meta_path 中没有 find_spec() 方法，则仍然可以使用 find_module() 方法。

语法如下：

```
sys.meta_path
```

➔ 应用

快学快用　获取 Python 的默认元路径查找对象列表

获取 Python 的默认元路径查找对象列表，代码如下：

```
import sys
print(sys.meta_path)
```

程序运行结果如下：

```
[<class '_frozen_importlib.BuiltinImporter'>, <class '_frozen_importlib.FrozenImporter'>,
<class '_frozen_importlib_external.PathFinder'>, <six._SixMetaPathImporter object at
0x000002163C204B38>]
```

8.8 path_hooks 属性——为路径创建 finder

最常用　sys.path_hooks

关键代码段

```
print(sys.path_books)                # 【快】
```

➔ 语法

一个 callables 列表，该属性采用 path 参数来尝试为路径创建 finder。如果可以创建一个 finder，它将由 callable 返回，否则出现 ImportError 异常。语法如下：

```
sys.path_hooks
```

➔ 应用

快学快用　输出 path_hooks 属性的值

获取并输出 path_hooks 属性的值，代码如下：

```
import sys
print(sys.path_hooks)
```

程序运行结果如下：

```
[<class 'zipimport.zipimporter'>, <function FileFinder.path_hook.<locals>.path_hook_for_FileFinder
at 0x000001EF4DACD268>]
```

第9章 获取系统编码信息

9.1 getdefaultencoding() 方法——获取默认字符串编码名称

最常用 getdefaultencoding()

关键代码段

```
print(sys.getdefaultencoding())  #【快】
```

语法

返回当前默认字符串编码的名称，语法如下：

```
sys.getdefaultencoding()
```

返回值类似“ascii”“utf-8”或者“gbk”等的字符串，具体的值根据 site.py 模块中设置的默认编码而定。

应用

快学快用 获取本地 Python 解释器使用的默认字符串编码

获取本地 Python 解释器使用的默认字符串编码，代码如下：

```
import sys
print(sys.getdefaultencoding())
```

程序运行结果如下：

```
utf-8
```

9.2 getfilesystemencoding()方法——获取文件系统的编码名称

最常用 sys.getfilesystemencoding()

关键代码段

```
encoding1 = sys.getfilesystemencoding()          # 获取本地文件编码格式【快2】
if encoding1 == "utf-8":                         # 判断编码格式是否为utf-8
```

➔ 语法

返回将 Unicode 文件名映射到底层操作系统使用的文件名的编码名称，即文件系统使用的编码名称。语法如下：

```
sys.getfilesystemencoding()
```

该方法的返回值有以下 4 种情况：

- 在 UTF-8 模式下，在任何平台上都是 utf-8 编码。
- 在 Mac OS X 平台上，编码是 utf-8。
- 在 Unix 平台上，编码是本地设置的编码。
- 在 Windows 平台上，编码可能是 utf-8 或 mbcs，取决于用户配置。

说明： 为了确保使用正确的编码和解码模式，应该使用 os.fsencode() 和 os.fsdecode() 对文件名进行编码和解码。

➔ 应用

快学快用 1　获取本地文件系统的编码名称

使用 sys.getfilesystemencoding() 方法获取本地文件系统的编码名称并输出代码如下：

```
import sys
print(sys.getfilesystemencoding())
```

程序运行结果如下：

```
utf-8
```

快学快用 2　判断本地文件的编码名称是否为 utf-8

使用 sys.getfilesystemencoding() 方法判断本地文件的编码名称是否为 utf-8，代码如下：

```
import sys
encoding1 = sys.getfilesystemencoding()      # 获取本地文件编码格式
if encoding1 == "utf-8":                     # 判断编码格式是否为utf-8
    print("没错，你的本地文件编码格式就是", encoding1)
else:
    print("不，你的本地文件编码格式不是utf-8")
```

程序运行结果如下：

```
没错，你的本地文件编码格式就是 utf-8
```

9.3 byteorder 属性——本机字节顺序指示器

快用标签 byteorder

最常用 sys.byteorder

关键代码段

```
bo=sys.byteorder                            # 获取本机的字节顺序 【快2】
if bo=="little":
```

语法

本机字节顺序指示器，big-endian（最高有效字节在第一位）值为“big”，little-endian（最低有效字节在第一位）值为“little”。语法如下：

```
sys.byteorder
```

应用

快学快用 1 获取本机的字节顺序指示器

输出本机的字节顺序指示器，代码如下：

```
import sys
print(sys.byteorder)
```

程序运行结果如下：

```
little
```

说明： 上面结果为 little，说明本机的字节存储顺序是小端序。小端序是权值低的在前面，大端序是权值高的在前面，比如 0x12345678 在小端序下是按照 78563421 存储的，大端序则是按照 12345678 存储的。

快学快用 2 判断本机的字节顺序是大端序还是小端序

获取本机的字节顺序，然后判断字节顺序为大端序还是小端序，最后输出判断结果。代码如下：

```
import sys
bo=sys.byteorder                            # 获取本机的字节顺序
if bo=="little":
```

```
    print("本机的字节顺序为小端序")
else:
    print("本机的字节顺序为大端序")
```

程序运行结果如下：

```
本机的字节顺序为小端序
```

9.4 _enablelegacywindowsfsencoding()方法——改变编码和错误模式

快用标签 _enablelegacywindowsfsencoding()　getfilesystemencoding()　getfilesystemencodeerrors()

最常用 sys._enablelegacywindowsfsencoding()

关键代码段

```
print('文件系统原编码名称：', sys.getfilesystemencoding()) # 输出文件系统编码 【快】
# 输出文件名转换时的错误模式名称
print('文件名原转换错误模式：', sys.getfilesystemencodeerrors())
sys._enablelegacywindowsfsencoding()                # 改变默认文件系统编码和错误模式
```

➔ 语法

将默认文件系统编码和错误模式分别更改为“mbcs”和“replace”，以便与 Python 3.6 之前的版本保持一致，这相当于在启动 Python 之前定义了 PYTHONLEGACYWINDOWSFSENCODING 环境变量。

语法如下：

```
sys._enablelegacywindowsfsencoding()
```

说明： 1. _enablelegacywindowsfsencoding() 方法只能在 Windows 操作系统中使用。

2. _enablelegacywindowsfsencoding() 方法是 Python 3.6 版本中新增的功能，因此只能在 Python 3.6 及以上版本中使用。

➔ 应用

快学快用 改变并获取默认文件系统编码和错误模式

首先获取默认文件系统默认编码和错误模式，然后使用 sys._enablelegacywindowsfsencoding()

方法改变默认的文件系统编码和错误模式，最后分别使用 sys.getfilesystemencoding() 方法和 sys.getfilesystemencodeerrors() 方法获取改变之后的文件系统编码和错误模式，代码如下：

```
import sys
print('文件系统原编码名称：', sys.getfilesystemencoding())          # 输出文件系统编码
# 输出文件名转换时的错误模式名称
print('文件名原转换错误模式：', sys.getfilesystemencodeerrors())
sys._enablelegacywindowsfsencoding()                 # 改变默认文件系统编码和错误模式
print('改变后的文件系统编码名称：', sys.getfilesystemencoding())   # 输出文件系统编码
# 输出文件名转换时的错误模式名称
print('改变后的文件名转换错误模式：', sys.getfilesystemencodeerrors())
```

程序运行结果如下：

```
文件系统原编码名称： utf-8
文件名原转换错误模式： surrogatepass
改变后的文件系统编码名称： mbcs
改变后的文件名转换错误模式： replace
```

9.5 hash_info 属性——获取哈希信息

快用标签 hash_info　width　image　hash_bits　Seed_bits

最常用 sys.hash_info

关键代码段

```
print(sys.hash_info.width)              # 获取哈希值的位宽度 【快1】
print(sys.hash_info.nan)                # 获取nan哈希值 【快2】
print(sys.hash_info.algorithm)          # 获取哈希算法名称 【快3】
print(sys.hash_info.seed_bits)          # 获取哈希算法的种子秘钥大小 【快4】
print(sys.hash_info)                    # 获取所有哈希信息 【快5】
```

➔ 语法

一个结构序列，表示数字散列执行参数，即哈希相关的信息。语法如下：

```
sys.hash_info
```

数字散列执行参数及说明如表 9.1 所示。

表 9.1　数字散列执行参数及说明

参　　数	说　　明
width	用于哈希值的位宽度
modulus	素数模数 P，用于数字哈希架构
inf	返回正无穷大哈希值
nan	返回 NaN 哈希值
imag	用于复数的虚部的乘数
algorithm	str、bytes 和 memoryview 散列算法的名称
hash_bits	哈希算法的内部输出大小
seed_bits	哈希算法的种子密钥的大小

说明：1. hash_info 属性是 Python 3.2 版本中新增的，因此只能在 Python 3.2 及以上版本使用。2. 在 Python 3.4 版本中添加了 hash_bits 属性和 seed_bits 属性。

➔ 应用

快学快用 1　获取 Python 中哈希值的位宽度

获取 Python 中哈希值的位宽度并输出，代码如下：

```
import sys
print(sys.hash_info.width)
```

程序运行结果如下：

```
64
```

快学快用 2　获取 Python 中 NaN 哈希值

获取 Python 中 NaN 哈希值并输出，代码如下：

```
import sys
print(sys.hash_info.nan)
```

程序运行结果如下：

```
0
```

快学快用 3　获取 Python 中哈希算法的名称

获取 Python 中哈希值的哈希算法的名称并输出，代码如下：

```
import sys
print(sys.hash_info.algorithm)
```

程序运行结果如下：

```
siphash24
```

快学快用 4　获取 Python 中哈希算法的种子秘钥大小

获取 Python 中哈希算法的种子秘钥大小并输出，代码如下：

```
import sys
print(sys.hash_info.seed_bits)
```

程序运行结果如下：

```
128
```

快学快用 5　获取 Python 中所有的哈希信息

获取 Python 中所有的哈希信息并输出，代码如下：

```
import sys
print(sys.hash_info)
```

程序运行结果如下：

```
sys.hash_info(width=64, modulus=2305843009213693951, inf=314159, nan=0, imag=1000003,
algorithm='siphash24', hash_bits=64, seed_bits=128, cutoff=0)
```

9.6 dont_write_bytecode 属性——是否写字节码文件

最常用　sys.dont_write_bytecode

关键代码段

```
sys.dont_write_bytecode = True      # 【快2】
print(sys.dont_write_bytecode)
```

➔ 语法

导入模块时决定 Python 是否写字节码文件（.pyc 或 .pyo 文件）的布尔标志。初始值是 True 或 False，取决于 -B 命令行选项和 PYTHONDONTWRITEBYTECODE 环境变量。开发人员可以在自己的程序中根据需要修改该设置。语法如下：

```
sys.dont_write_bytecode[=True/False]
```

说明：.pyc 文件是由 .py 文件经过编译后生成的字节码文件，其加载速度相对于之前的 .py 文件有所提高，而且还可以实现源码隐藏的功能，以及一定程度上的反编译；而 .pyo 文件是优化编译后的程序（相比于 .pyc 文件更小），也可以提高加载速度。在嵌入式系统中，它可以将所需模块编译成 .pyo 文件以减少容量。

➔ 应用

快学快用 1　获取本机 Python 模块导入时是否自动生成字节码文件

获取本机 Python 模块导入时是否自动生成字节码文件的标识并输出，代码如下：

```python
import sys
print(sys.dont_write_bytecode)
```

程序运行结果如下：

```
False
```

说明：上面代码返回值为 False，说明默认不生成字节码文件，因为 .pyc 文件只有在工程目录下同时有 _main_.py 文件和其他将要调用的模块时才会生成。如果只有当前运行的脚本“_main_”，则不会生成 _pycache_ 的文件。

快学快用 2　手动设置是否生成字节码文件

在程序中将 dont_write_bytecode 属性的值手动设置为 True，以便能够导入模块时自动生成字节码文件，代码如下：

```python
import sys
sys.dont_write_bytecode = True
print(sys.dont_write_bytecode)
```

程序运行结果如下：

```
True
```

快学快用 3　如何使 __pycache__ 缓存文件夹不出现

如果想单次运行不出现 _pycache_ 缓存文件夹，则在运行脚本时添加 -B 参数，命令如下：

```
python -B .py文件
```

如果想永久不出现 _pycache_ 缓存文件夹，则设置环境变量如下：

```
PYTHONDONTWRITEBYTECODE=1
```

9.7 maxunicode 属性——能够表示 Unicode 码的最大整数

最常用 sys.maxunicode

关键代码段

```
print(sys.maxunicode)    # 【快】
```

语法

能够表示的最大 Unicode 码的整数，UCS-2 编码的默认值是 65535，UCS-4 编码的默认值为 1114111（0x10FFFF 十六进制）。语法如下：

```
sys.maxunicode
```

应用

快学快用 获取本机的 Unicode 编码的最大整数表示

获取本机的 Unicode 编码的最大整数表示并输出，代码如下：

```
import sys
print(sys.maxunicode)
```

程序运行结果如下：

```
1114111
```

第10章 线程及递归

10.1 getswitchinterval() 方法——获取线程切换间隔

快用标签 getswitchinterval() time sleep() random choice() range() '%.2f'

最常用 sys.getswitchinterval()

关键代码段

```
print(sys.getswitchinterval())                  # 输出默认线程间隔【快1】
print('%.2f'%sys.getswitchinterval())           # 获取间隔并保留2位小数【快2】
time.sleep(default)                             # 休眠指定时间【快3】
strone = strone + random.choice(letter)         # 每次产生一个随机因子【快4】
strtwo = strone[:5] + "-" + strone[5:10] + "-" + strone[10:15] + "-" + strone[15:20] + "-" +
strone[20:25]                                   # 将生成的防伪码每隔5位添加横线“-”
```

➔ 语法

返回 Python 解释器的线程切换间隔，单位为秒，语法如下：

```
sys.getswitchinterval()
```

说明： 在 Python 3.2 及以上的版本中，使用 getswitchinterval() 方法代替了原来的 getcheckinterval() 方法。

➔ 应用

快学快用 1　获取 Python 解释器的默认线程切换间隔

获取 Python 解释器默认的线程切换间隔，代码如下：

```
import sys
print(sys.getswitchinterval())              # 输出默认线程间隔
```

程序运行结果如下：

```
0.005
```

快学快用 2　将默认线程切换间隔格式化为 2 位小数

使用 getswitchinterval() 方法获取到的 Python 解释器默认线程切换间隔为 3 位小数，将其格式化为 2 位小数，代码如下：

```
import sys
print('%.2f'%sys.getswitchinterval())              # 获取间隔并保留2位小数
```

程序运行结果如下：

```
0.01
```

快学快用 3　以指定间隔循环执行程序

获取 Python 解释器默认的线程切换间隔，作为循环执行程序的间隔时间；然后定义无限循环，反复执行程序并输出执行次数，但执行到第 10 次时，退出循环。代码如下：

```
import sys                                    # 导入模块
import time                                   # 导入时间模块
default=sys.getswitchinterval()               # 获取默认线程间隔
i=1                                           # 定义循环变量
while True:
    time.sleep(default)                       # 休眠指定时间
    print('第%d次执行'%i)                      # 输出执行次数
    i+=1                                      # 循环变量加1
    if i==10:                                 # 当执行到第10次时
        break                                 # 退出循环
```

程序运行结果如下：

```
第1次执行
第2次执行
第3次执行
第4次执行
第5次执行
第6次执行
第7次执行
第8次执行
第9次执行
```

快学快用 4　一次生成 10 个序列号

将线程默认间隔作为每次生成序列号的间隔时间，一次生成 10 个随机序列号并依次输出。代码如下：

```
import sys
import time                                          # 导入时间模块
import random                                        # 导入随机生成器模块
default=sys.getswitchinterval()                      # 获取默认线程间隔
i=1                                                  # 定义循环变量
letter = "ABCDEFGHIJKLMNPQRSTUVWXYZ1234567890"     # 用于生成序列号的字符串
while True:
    time.sleep(default)                              # 休眠指定时间
    strone = ''  # 保存生成的单条防伪码，不带横线“-”，循环时清空
    for j in range(25):
        strone = strone + random.choice(letter) # 每次产生一个随机因子
    strtwo = strone[:5] + "-" + strone[5:10] + "-" + strone[10:15] + "-" + strone[15:20] + "-" + strone[20:25]                   # 将生成的防伪码每隔5位添加横线“-”
    print(strtwo)                                    # 输出执行次数
    i+=1                                             # 循环变量加1
    if i>10:                                         # 当执行到超过10时
        break                                        # 退出循环
```

程序运行结果如下：

```
1EPVI-6AV31-U4N6F-29EG6-6P0C7
ELZDV-X89AE-5AK3W-3QDTZ-WTFS1
P82GF-UMG6T-43E5Q-5IKYZ-4YJJQ
ZQADU-VD6HL-02MYV-AWKT0-RMM2T
U2XEA-VZ3RH-B90KU-54N7D-XBJMQ
7QKCL-BCCH8-KK3NL-JJLFK-K67TE
IRURJ-8Q5KZ-SL7EQ-UP2EC-9HFGN
U3TUK-WNVKV-XVNJM-VXHB0-HDBX3
W7QR5-2V110-JTDGZ-71CLV-6LC93
8Z8N9-1F8Y3-DHJYR-DYA84-AQC3D
```

说明： 由于序列号是随机生成的，所以每次运行的结果不同。

10.2 setswitchinterval() 方法——设置线程切换间隔

快用标签　getswitchinterval()　setswitchinterval()　str()　random　choice()

最常用　sys.setswitchinterval(interval)，interval 表示设置的时间，以秒为单位。

关键代码段

```
print(sys.getswitchinterval())                 # 输出默认线程间隔【快1】
sys.setswitchinterval(4295)                    # 手动设置线程间隔超过4294.9【快2】
import random                                  # 导入随机生成器模块【快3】
randfir = randfir + random.choice(number)      # 每次生成一个随机因子【快3】
time.sleep(default)                            # 休眠指定时间【快3】
```

语法

设置解释器的线程切换间隔（以秒为单位），语法如下：

```
sys.setswitchinterval(interval)
```

参数 interval 是一个浮点值，表示分配给并发运行的 Python 线程理想持续时间，但在该时间结束后要调度的线程是由操作系统决定的，这是因为 Python 解释器没有自己的调度程序。

说明： 在 Python 3.2 及以上的版本中，使用 setswitchinterval() 方法替换了原来的 setcheckinterval() 方法。

应用

快学快用 1　设置并获取 Python 解释器的线程切换间隔

首先获取 Python 解释器的默认的线程切换间隔，然后使用 sys.setswitchinterval() 方法将线程切换间隔设置为 0.1 秒，再次获取设置之后的 Python 解释器线程切换间隔，代码如下：

```
import sys
print(sys.getswitchinterval())                 # 输出默认线程间隔
sys.setswitchinterval(0.1)                     # 手动设置线程间隔为0.1秒
print(sys.getswitchinterval())                 # 输出设置完的线程间隔
```

程序运行结果如下：

```
0.005
0.09999999999999999
```

快学快用 2　设置 Python 解释器线程切换间隔的最大值

使用 sys.setswitchinterval() 方法可以设置 Python 解释器的线程切换间隔，其参数为一个数字，但该数字的范围不能超过 4295，代码如下：

```
import sys
sys.setswitchinterval(4294.9)                  # 手动设置线程间隔为最大值
print('4294.9'+':'+str(sys.getswitchinterval())) # 输出设置完的线程间隔
```

```
sys.setswitchinterval(4295)                           # 手动设置线程间隔超过4294.9
print('4295'+':'+str(sys.getswitchinterval()))        # 输出设置完的线程间隔
sys.setswitchinterval(8888)                           # 手动设置线程间隔超过8888
print('8888'+':'+str(sys.getswitchinterval()))        # 输出设置完的线程间隔
```

程序运行结果如下：

```
4294.9:4294.899999
4295:0.032704
8888:298.065408
```

说明： 观察上面的运行结果，发现设置的值超过 4294.9 后，再次获取的值与设置的值不同。

快学快用 3　每隔 1 秒生成一个产品防伪码

使用 sys.setswitchinterval() 方法设置 Python 解释器的线程切换间隔为 1 秒，然后根据该时间，每秒生成一个产品防伪码，代码如下：

```
import sys
import time                                          # 导入时间模块
import random                                        # 导入随机生成器模块
sys.setswitchinterval(1)                             # 设置线程间隔
default=sys.getswitchinterval()                      # 获取设置的线程间隔
number = "1234567890"                                # 用于生成防伪码的数字集合
for m in range(int(10)):                             # 分类产品编号
    time.sleep(default)                              # 休眠指定时间
    randfir = ''
    for i in range(6):                               # 生成一个不包含类别的产品防伪码
        randfir = randfir + random.choice(number)# 每次生成一个随机因子
    print(str(int(201) + m) + randfir)               # 将生成的单条防伪码添加到防伪码列表
```

程序运行结果如下：

```
201956923
202366440
203195968
204741485
205387266
206692695
207493557
208623143
209814544
210289112
```

说明： 由于产品防伪码是随机生成的，所以每次运行的结果不同。

10.3 thread_info 属性——包含有关线程实现信息的结构序列

快用标签 thread_info　for⋯ in　list

最常用 sys.thread_info 返回包含线程实现信息的结构。

关键代码段

```
print(sys.thread_info)          # 【快1】
list = sys.thread_info          # 获取线程信息【快2】
for value in list:              # 遍历列表
if list[0]=='nt':               # 判断当前线程的类型【快3】
if list[1]=='semaphore':        # 判断锁的名称【快4】
```

➔ 语法

包含有关线程实现信息的结构序列，其属性及说明如表 10.1 所示。

表 10.1 thread_info 结构序列的属性及说明

属　性	说　明
name	线程实现的名称：“nt”表示 Windows 线程；“pthread”表示 POSIX 线程；“solaris”表示 Solaris 线程
lock	锁实现的名称：“semaphore”表示锁使用信号量；“mutex+cond”表示锁使用互斥锁和条件变量；“None”表示未知
version	线程库的名称和版本，它是一个字符串，如果为 None，表示未知

语法如下：

```
sys.thread_info
```

➔ 应用

快学快用 1　获取当前线程的相关信息

获取当前线程的相关信息并输出，代码如下：

```
import sys
print(sys.thread_info)
```

程序运行结果如下：

```
sys.thread_info(name='nt', lock=None, version=None)
```

快学快用 2　分行输出线程相关信息

获取当前线程的相关信息并遍历输出，代码如下：

```
import sys
list =sys.thread_info              # 获取线程信息
for value in list:                 # 遍历列表
    print(value)                   # 输出
```

程序运行结果如下：

```
nt
None
None
```

快学快用 3　获取当前线程的类型

获取当前线程的相关信息，然后通过 name 名称判断当前线程的类型，代码如下：

```
import sys
list =sys.thread_info              # 获取线程信息
if list[0]=='nt':                  # 判断当前线程的类型
    print('当前为Windows线程')
elif list[0]=='pthread':
    print('当前为POSIX线程')
elif list[0]=='solaris':
    print('当前为Solaris线程')
```

程序运行结果如下：

```
当前为Windows线程
```

快学快用 4　获取当前线程的锁实现名称

通过线程的 lock 值判断当前线程的锁实现名称，代码如下：

```
import sys
list =sys.thread_info              # 获取线程信息
if list[1]=='semaphore':           # 判断锁实现名称
    print('锁使用信号量')
elif list[1]=='mutex+cond':
    print('锁使用互斥锁和条件变量')
else:
    print('未知')
```

程序运行结果如下：

```
未知
```

10.4 _current_frames()方法——将线程标识符映射到最顶层堆栈

快用标签 _current_frames()　threading　time　sleep()　start()　join()

最常用 sys._current_frames() 返回线程的顶层堆栈信息。

关键代码段

```
print(sys._current_frames())   # 获取当前线程标识符的最顶层堆栈帧信息【快1】
for i in range(3)              # 遍历3以内的范围【快2】
time.sleep(1)                  # 休眠1秒【快2】
threads = [threading.Thread(target=process) for i in range(4)] # 创建4个线程，存入列表【快2】
t.join()                       # 等待子线程结束【快2】
```

➔ 语法

返回一个字典，将每个线程的标识符映射到调用该函数时该线程中当前活动的最顶层堆栈帧。语法如下：

```
sys._current_frames()
```

说明：_current_frames() 方法对于调试死锁非常有用：此函数不需要死锁线程的协作，只要这些线程的调用堆栈保持死锁，它们就会被冻结；对于非死锁线程返回的帧，在调用代码检查帧时可能与该线程的当前活动没有关系。

➔ 应用

快学快用 1　获取当前线程标识符的最顶层堆栈帧信息

使用 sys._current_frames() 方法获取当前线程标识符的最顶层堆栈帧信息，代码如下：

```
import sys
print(sys._current_frames())
```

程序运行结果如下：

```
{3884: <frame at 0x0000026B4BF6D440, file 'J:/PythonDevelop/Demo.py', line 10, code <module>>}
```

快学快用 2　获取多个线程的顶层堆栈帧信息

首先使用 threading 类创建 4 个进程，然后分别用 for 循环执行 4 次 start() 和 join() 方法，最后使用

sys._current_frames() 方法获取每个线程标识符的最顶层堆栈帧信息。代码如下：

```
import sys
import threading,time
def process():
    for i in range(3):
        time.sleep(1)
        print("thread name is %s" % threading.current_thread().name)
if __name__ == '__main__':
    print("-----主线程开始-----")
    threads = [threading.Thread(target=process) for i in range(4)] # 创建4个线程，存入列表
    for t in threads:
       t.start()                          # 开启线程
       print(sys._current_frames())       # 获取当前线程标识符的最顶层堆栈帧信息
    for t in threads:
        t.join()                          # 等待子线程结束
    print("-----主线程结束-----")
```

程序运行结果如下：

```
-----主线程开始-----
{15544: <frame at 0x000002046A9F98B0, file 'J:/PythonDevelop/Demo.py', line 12, code process>,
13184: <frame at 0x000002046A91D440, file 'J:/PythonDevelop/Demo.py', line 19, code <module>>}
{15928: <frame at 0x000002046A9F9C10, file 'J:/PythonDevelop/Demo.py', line 12, code process>,
15544: <frame at 0x000002046A9F98B0, file 'J:/PythonDevelop/Demo.py', line 12, code process>,
13184: <frame at 0x000002046A91D440, file 'J:/PythonDevelop/Demo.py', line 19, code <module>>}
{7052: <frame at 0x000002046A9F9DC0, file 'J:/PythonDevelop/Demo.py', line 12, code process>,
15928: <frame at 0x000002046A9F9C10, file 'J:/PythonDevelop/Demo.py', line 12, code process>,
15544: <frame at 0x000002046A9F98B0, file 'J:/PythonDevelop/Demo.py', line 12, code process>,
13184: <frame at 0x000002046A91D440, file 'J:/PythonDevelop/Demo.py', line 19, code <module>>}
{15988: <frame at 0x000002046AA42040, file 'J:/PythonDevelop/Demo.py', line 12, code process>,
7052: <frame at 0x000002046A9F9DC0, file 'J:/PythonDevelop/Demo.py', line 12, code process>,
15928: <frame at 0x000002046A9F9C10, file 'J:/PythonDevelop/Demo.py', line 12, code process>,
15544: <frame at 0x000002046A9F98B0, file 'J:/PythonDevelop/Demo.py', line 12, code process>,
13184: <frame at 0x000002046A91D440, file 'J:/PythonDevelop/Demo.py', line 19, code <module>>}
thread name is Thread-4
thread name is Thread-3thread name is Thread-2
thread name is Thread-1

thread name is Thread-3thread name is Thread-2

thread name is Thread-4thread name is Thread-1

thread name is Thread-4
thread name is Thread-3
thread name is Thread-1
thread name is Thread-2
-----主线程结束-----
```

10.5 getrecursionlimit() 方法——获取递归限制的值

快用标签 getrecursionlimit() def += if

最常用 sys.getrecursionlimit() 返回 Python 解释器默认的最大递归限制值。

关键代码段

```
print('默认递归次数：',sys.getrecursionlimit())      # 输出默认递归深度【快1】
def count(num):                                     # 定义函数【快2】
num+=1                                              # 数字加1【快2】
if num<1000:                                        # 判断数字小于1000，则递归调用【快2】
```

语法

返回递归限制的当前值，即 Python 解释器可递归的最大深度。该功能可防止无限递归引起堆栈溢出并导致 Python 崩溃的问题。语法如下：

```
sys.getrecursionlimit()
```

返回值为一个整数，表示 Python 解释器可递归的最大深度，默认为 1000，可以使用 setrecursionlimit() 方法改变该值。

应用

快学快用 1 获取默认的递归限制值

使用 sys.getrecursionlimit() 方法获取 Python 解释器的默认递归限制值并输出，代码如下：

```
import sys
print('默认递归次数：',sys.getrecursionlimit())   # 输出默认递归深度
```

程序运行结果如下：

```
默认递归次数： 1000
```

快学快用 2 调用超过 1000 次递归函数时的错误

Python 解释器的默认递归限制值为 1000，如果递归调用超出 1000 次，则会出现错误，代码如下：

```
import sys
def count(num):                          # 定义函数，用来递归调用
    print(num)                           # 输出数字
    num+=1                               # 数字加1
    if num<1000:                         # 判断数字小于1000，则递归调用
        count(num)
    else:                                # 否则弹出提示信息
        print('递归超出限制！')
count(0)                                 # 调用函数
```

程序运行，当超出递归调用的限制次数时，会出现如图 10.1 所示的错误提示。

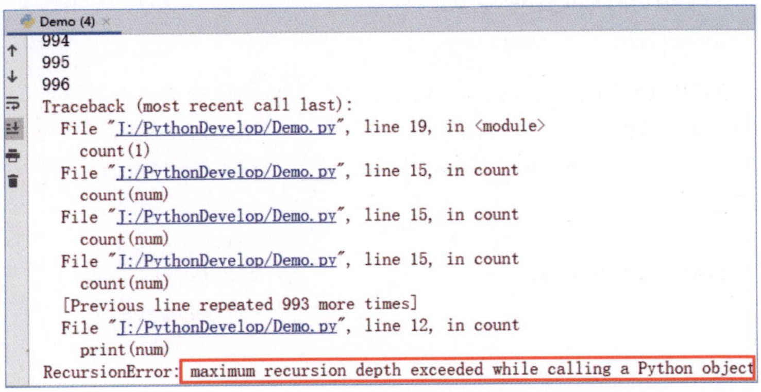

图 10.1　超出默认递归次数时出现的错误提示

10.6　setrecursionlimit() 方法——设置递归限制的值

快用标签　setrecursionlimit()　getrecursionlimit()　def　format()　RuntimeError

最常用　sys.setrecursionlimit(limit)，limit 表示要设置的递归限制值。

关键代码段

```
sys.setrecursionlimit(10)                # 手动设置递归深度为10【快1】
print('第 {} 次数'.format(i))             # 输出执行次数【快1】
except RuntimeError as err:              # 捕捉异常【快1】
def count(num):                          # 定义函数【快2】
if num<1000:                             # 判断数字小于1000【快2】
```

➔ 语法

设置 Python 解释器的最大递归深度，该限制可防止无限递归引发 Python 解释器本身的栈溢出，

从而导致 Python 崩溃的问题。语法如下：

```
sys.setrecursionlimit(limit)
```

参数 limit 为一个整数，表示要设置的递归深度，默认值是 1000。

➔ 应用

快学快用 1　按照设置的递归最大深度执行递归函数

使用 sys.setrecursionlimit() 方法设置递归深度为 10，然后定义一个递归函数，执行该递归函数，并在达到递归限制时，产生 RuntimeError 异常，代码如下：

```
import sys
print('默认递归次数：',sys.getrecursionlimit())       # 输出默认递归深度
sys.setrecursionlimit(10)                            # 手动设置递归深度为10
print('修改后递归次数：',sys.getrecursionlimit())     # 输出修改后递归深度
# 定义一个递归函数
def Test(i):
    print('第 {} 次数'.format(i))                     # 输出执行次数
 Test(i+1)                                           # 函数递归执行
# 捕获异常信息
try:
    Test(1)                                          # 调用递归函数
except RuntimeError as err:                          # 捕捉异常
    print(err)                                       # 打印异常信息
```

程序运行结果如下：

```
默认递归次数： 1000
修改后递归次数： 10
第 1 次数
第 2 次数
第 3 次数
第 4 次数
第 5 次数
第 6 次数
maximum recursion depth exceeded while calling a Python object
```

快学快用 2　解决默认递归限制的错误

Python 解释器的默认递归限制值为 1000，在 10.5 节的快学快用 2 中，当递归次数超过 1000 时，出现了错误提示，这时可以使用 sys.setrecursionlimit() 将递归深度设置为大于 1000 的值，即可正常运行程序。代码如下：

```
import sys
sys.setrecursionlimit(1500)                          # 设置递归调用值为1500
```

```
def count(num):                     # 定义函数，用来递归调用
    print(num)                      # 输出数字
    num+=1                          # 数字加1
    if num<1000:                    # 判断数字小于1000，则递归调用
        count(num)
    else:                           # 否则弹出提示信息
        print('递归超出限制！')
count(0)                            # 调用函数
```

程序运行结果如下：

```
1
2
3
……
997
998
999
递归超出限制！
```

10.7 call_tracing() 方法——递归调用 / 调试代码

快用标签　call_tracing()　return　def

最常用　sys.call_tracing(func,args)，fun 表示要调用的方法名；args 表示传入的参数，使用元组传递。

关键代码段

```
def add(a,b):                             # 定义一个函数，用来计算两个数的和【快1】
return a+b                                # 返回两个数的和【快1】
result = sys.call_tracing(add,(3,4))      # 使用sys.call_tracing回调add()函数，并传入参数【快1】
result = sys.call_tracing(show,())        # 使用sys.call_tracing回调无参数的show()函数【快2】
return ['做深','做专','做到位']            # 返回列表【快3】
```

语法

启用跟踪时调用函数 func(*args)，并保存跟踪状态，语法如下：

```
sys.call_tracing(func,args)
```

❖ func：要调用的方法名。

❖ args：方法中要传递的参数，如果有多个参数，使用元组传递。

❖ 返回值：与要调用的方法的返回值一致。

➔ 应用

快学快用 1　通过回调计算两个数的和

定义一个 add() 函数，计算两个数的和；然后使用 sys.call_tracing() 方法调用自定义的 add() 函数，并传入两个整数；最后输出结果，代码如下：

```
import sys
def add(a,b):                          # 定义一个函数，用来计算两个数的和
    return a+b                         # 返回值为两个数的和
# 使用sys.call_tracing()方法调用定义的add()函数，并传入相应的参数
result = sys.call_tracing(add,(3,4))
print(result)                          # 输出结果
```

程序运行结果如下：

```
7
```

快学快用 2　回调无参数、无返回值的方法

定义一个 show() 函数，用来输出一个字符串信息；然后使用 sys.call_tracing() 方法调用自定义的 show() 函数；最后输出结果，代码如下：

```
01 import sys
02 def show():                          # 定义一个函数，用来显示信息
03     print('敢想敢为　注重细节')
04 # 使用sys.call_tracing()方法调用定义的show()函数
05 result = sys.call_tracing(show,())
06 print(result)                        # 输出结果
```

程序运行结果如下：

```
敢想敢为　注重细节
None
```

注意： 回调无返回值的方法时，返回值为 None。但需要注意的是，即使要回调的方法没有参数，使用 sys.call_tracing() 方法时，也需要使用 () 指定。如果省略，上面代码的第 5 行将变为 “result = sys.call_tracing(show)”，此时会出现如图 10.2 所示的错误提示。

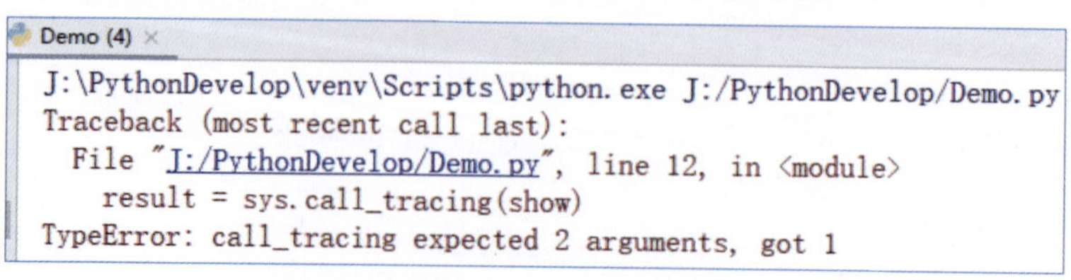

图 10.2　回调无参数方法时的错误提示

快学快用 3　回调返回值为列表的方法

“做深、做专、做到位”是我们公司的工作原则，现将其作为列表返回，使用 sys.call_tracing() 方法获取方法的返回值。代码如下：

```
import sys
def show():                          # 定义一个函数，用来返回一个列表
    return ['做深','做专','做到位']
# 使用sys.call_tracing()方法调用定义的show()函数
result = sys.call_tracing(show,())
print(result)                        # 输出结果
```

程序运行结果如下：

```
['做深', '做专', '做到位']
```

10.8 set_coroutine_wrapper() 方法——拦截协同程序对象的创建

快用标签　set_coroutine_wrapper()　async　await

最常用　sys.set_coroutine_wrapper(wrapper)，wrapper 表示要设置的包装器对象。

关键代码段

```
sys.set_coroutine_wrapper(wrapper)      # 设置包装器【快】
async def wrap(coro):                   # 异步函数【快】
return await coro                       # 程序挂起【快】
```

➔ 语法

允许拦截协同程序对象的创建（只有由 async def 定义的函数、由 types.coroutine() 或者 asyncio.oroutine() 创建的装饰器可以不被拦截）。语法如下：

```
sys.set_coroutine_wrapper(wrapper)
```

参数 wrapper 必须是以下两种情况之一：

- 可以接受一个参数（一个协程对象）的回调函数。
- None，用来重置包装器。

如果调用两次，则新包装器将替换前一个包装器，该函数是特定于线程的。

说明： set_coroutine_wrapper(wrapper) 方法是 Python 3.5 版本中新增的功能，但从 Python 3.7 开始不推荐使用，因为协程包装器功能已被弃用，而且将在 Python 3.8 中删除，所以了解即可。

➔ 应用

快学快用　设置自定义包装器

定义一个 wrapper() 函数，该函数中嵌套一个异步函数，执行程序的挂起操作；然后使用 sys.set_coroutine_wrapper() 方法设置包装器，代码如下：

```
import sys
def wrapper(coro):
    async def wrap(coro):                # 异步函数
        return await coro                # 程序挂起
    return wrap(coro)
sys.set_coroutine_wrapper(wrapper)       # 设置包装器
```

程序运行结果如下：

```
J:/PythonDevelop/Demo.py:24: DeprecationWarning: set_coroutine_wrapper is deprecated
  sys.set_coroutine_wrapper(wrapper) # 设置包装器
```

说明： 上面的输出结果中，提示 set_coroutine_wrapper() 方法已经过时，所以，这里只需要了解这个方法即可，因为在 Python 3.8 版本中，这个方法已经彻底被删除。在 Python 3.8 中运行上面代码，将会出现如图 10.3 所示的错误提示。

```
Demo (4)
J:\PythonDevelop\venv\Scripts\python.exe J:/PythonDevelop/Demo.py
Traceback (most recent call last):
  File "J:/PythonDevelop/Demo.py", line 13, in <module>
    sys.set_coroutine_wrapper(wrapper) # 设置包装器
AttributeError: module 'sys' has no attribute 'set_coroutine_wrapper'
```

图 10.3　Python 3.8 中使用 set_coroutine_wrapper() 方法时出现的错误提示

10.9　get_coroutine_wrapper() 方法——返回 None 或一个包装器

快用标签　set_coroutine_wrapper()　get_coroutine_wrapper()　async　await

最常用　sys.get_coroutine_wrapper() 返回设置的包装器。

关键代码段

```
print('默认包装器',sys.get_coroutine_wrapper()) # 【快】
sys.set_coroutine_wrapper(wrapper)              # 设置包装器【快】
async def wrap(coro):                           # 异步函数【快】
return await coro                               # 程序挂起【快】
```

➔ 语法

返回 None 或由 set_coroutine_wrapper() 设置的包装器，语法如下：

```
sys.get_coroutine_wrapper()
```

说明： get_coroutine_wrapper() 方法是 Python 3.5 版本中新增的功能，但从 Python 3.7 开始不推荐使用，因为协程包装器功能已被弃用，而且在 Python 3.8 中删除，所以了解即可。

➔ 应用

快学快用　获取默认包装器和设置的包装器

首先使用 get_coroutine_wrapper() 方法获取默认包装器，然后设置一个自定义的包装器后，再次获取，比较两次获取的结果。代码如下：

```
import sys
print('默认包装器',sys.get_coroutine_wrapper())
def wrapper(coro):
    async def wrap(coro):                       # 异步函数
        return await coro                       # 程序挂起
    return wrap(coro)
sys.set_coroutine_wrapper(wrapper)              # 设置包装器
print('设置的包装器',sys.get_coroutine_wrapper())
```

程序运行结果如下：

```
默认包装器 None
J:/PythonDemo/sysDemo.py:20: DeprecationWarning: get_coroutine_wrapper is deprecated
设置的包装器 <function wrapper at 0x0000026AF10ED2F0>
  print('默认包装器',sys.get_coroutine_wrapper())
J:/PythonDemo/Demo.py:25: DeprecationWarning: set_coroutine_wrapper is deprecated
  sys.set_coroutine_wrapper(wrapper) # 设置包装器
J:/PythonDemo/Demo.py:26: DeprecationWarning: get_coroutine_wrapper is deprecated
  print('设置的包装器',sys.get_coroutine_wrapper())
```

说明： 上面的输出结果中，每调用一次 get_coroutine_wrapper() 方法或者 set_coroutine_wrapper() 方法，

都会提示该方法已经过时。所以，这里只需要了解这两个方法即可，因为在 Python 3.8 版本中，这两个方法就会彻底被删除。

10.10 set_coroutine_origin_tracking_depth() 方法——协同源跟踪

快用标签 get_coroutine_origin_tracking_depth()　set_coroutine_origin_tracking_depth()

关键代码段

```
print('默认：',sys.get_coroutine_origin_tracking_depth()) # 获取协同源跟踪深度【快】
sys.set_coroutine_origin_tracking_depth(1)                # 启用协同源跟踪【快】
```

➔ 语法

允许启用或禁用协同源跟踪，启用时，cr_origin 对象上的属性将包含 (filename,line number,function name) 元组，这个元组描述创建协同程序对象的回溯，最先调用最近的调用；禁用时，cr_origin 对象将为 None。语法如下：

```
sys.set_coroutine_origin_tracking_depth(depth)
```

参数 depth 表示要设置的协同源跟踪深度，为 0 表示禁用协同源跟踪。

说明： set_coroutine_origin_tracking_depth(depth) 方法是 Python 3.7 版本中新增的功能，因此只能在 Python 3.7 及以上版本中使用。

➔ 应用

快学快用　协同源跟踪深度的设置

获取当前的协程源默认跟踪深度，然后使用 sys.set_coroutine_origin_tracking_depth() 方法将深度值设置为 1，设置完成后，再次获取协程源跟踪深度。代码如下：

```
import sys
print('默认：',sys.get_coroutine_origin_tracking_depth())
sys.set_coroutine_origin_tracking_depth(1)
print('设置后：',sys.get_coroutine_origin_tracking_depth())
```

程序运行结果如下：

```
默认： 0
设置后： 1
```

10.11 get_coroutine_origin_tracking_depth()方法——获取跟踪深度

最常用 sys.get_coroutine_origin_tracking_depth()

关键代码段

```
print('默认：',sys.get_coroutine_origin_tracking_depth())【快】
```

➔ 语法

获取当前的协程源跟踪深度，语法如下：

```
sys.get_coroutine_origin_tracking_depth()
```

说明： get_coroutine_origin_tracking_depth() 方法是 Python 3.7 版本中新增的功能，因此只能在 Python 3.7 及以上版本中使用。

➔ 应用

快学快用 获取默认协程源跟踪深度

获取当前的协程源跟踪深度，代码如下：

```
import sys
print('默认：',sys.get_coroutine_origin_tracking_depth())
```

程序运行结果如下：

```
默认： 0
```

10.12 set_asyncgen_hooks()方法——异步生成终结器和迭代拦截器

快用标签 get_asyncgen_hooks()　set_asyncgen_hooks()

最常用 sys.set_asyncgen_hooks(firstiter, finalizer)，firstiter 在异步生成器第一次迭代时被调用；而 finalizer 在异步生成器即将被垃圾回收时调用。

关键代码段

```
old_agen_hooks = sys.get_asyncgen_hooks()  # 获取默认的异步生成器函数【快】
sys.set_asyncgen_hooks(firstiter=self._asyncgen_firstiter_hook,finalizer=self._asyncgen_finalizer_hook)  # 设置新的异步生成器终结器和拦截迭代器
```

语法

设置事件循环中的异步生成器终结器和迭代拦截器，允许事件循环拦截异步生成器的迭代和终结，这样最终用户就不需要关心终结问题，一切都可以正常工作。语法如下：

```
sys.set_asyncgen_hooks(firstiter, finalizer)
```

参数说明：

- firstiter：一个可调用函数，当异步生成器第一次迭代时被调用。
- finalizer：一个可调用函数，当异步生成器即将被垃圾回收时调用。

说明：set_asyncgen_hooks(firstiter, finalizer) 方法是 Python 3.6 版本中新增的功能，因此只能在 Python 3.6 及以上版本中使用。

应用

快学快用　通过修改 asyncio 使异步生成器能够安全终结

使用 set_asyncgen_hooks() 方法修改 asyncio 异步 IO，以便允许异步生成器的安全终结。代码如下：

```
class BaseEventLoop:
    def run_forever(self):
        ...
        old_agen_hooks = sys.get_asyncgen_hooks()  # 获取默认的异步生成器函数
        # 设置新的异步生成器终结器和拦截迭代器
        sys.set_asyncgen_hooks(firstiter=self._asyncgen_firstiter_hook,
                               finalizer=self._asyncgen_finalizer_hook)
        try:
            ...
        finally:
            ...
            sys.set_asyncgen_hooks(*old_agen_hooks) # 如果出现异常，设置默认的异步生成器
    # 定义异步生成器即将被垃圾回收时调用的函数
    def _asyncgen_finalizer_hook(self, agen):
        self._asyncgens.discard(agen)
        if not self.is_closed():
            self.call_soon_threadsafe(self.create_task, agen.aclose())
    # 定义异步生成器第一次迭代时使用的函数
```

```
    def _asyncgen_firstiter_hook(self, agen):
        if self._asyncgens_shutdown_called:
            ...
```

说明： 上面代码位于 Python 安装路径下的 Lib\asyncio 文件夹中的 base_events.py 文件中。

10.13 get_asyncgen_hooks() 方法——返回 asyncgen_hooks 对象

快用标签　get_asyncgen_hooks()　format()　eval()　items()

最常用　sys.get_asyncgen_hooks()

关键代码段

```
print(sys.get_asyncgen_hooks()) # 【快1】
list=sys.get_asyncgen_hooks()   # 使用列表存储asyncgen_hooks对象【快2】
print('firstiter={0}\nfinalizer={1}'.format(list[0],list[1])) # 格式化输出
d=eval('{'+'\'firstiter\':{0},\'finalizer\':{1}'.format(list[0],list[1])+'}') # 转换为字典【快3】
for key,value in d.items():      # 遍历字典
```

➔ 语法

返回一个 asyncgen_hooks 对象，它类似于一个命名元组（firstiter,finalizer）。其中，firstiter 和 finalizer 应该是 None，或者采用异步迭代器作为参数的函数，并用于调度异步生成器的最终化通过事件循环。语法如下：

```
sys.get_asyncgen_hooks()
```

说明： get_asyncgen_hooks() 方法是 Python 3.6 版本中新增的功能，因此只能在 Python 3.6 及以上版本中使用。

➔ 应用

快学快用 1　获取 asyncgen_hooks 对象默认值

获取 asyncgen_hooks 对象默认值并输出，代码如下：

```
import sys
print(sys.get_asyncgen_hooks())
```

程序运行结果如下：

```
asyncgen_hooks(firstiter=None, finalizer=None)
```

快学快用 2　分别输出 asyncgen_hooks 对象中的异步生成器和终结器

获取 asyncgen_hooks 对象默认值，并分别输出其中的异步生成器和终结器，代码如下：

```
import sys
list=sys.get_asyncgen_hooks()          # 使用列表存储asyncgen_hooks对象
# 格式化输出
print('firstiter={0}\nfinalizer={1}'.format(list[0],list[1]))
```

程序运行结果如下：

```
firstiter=None
finalizer=None
```

快学快用 3　将 asyncgen_hooks 对象值转换为字典

将使用 sys.get_asyncgen_hooks() 方法获取到的值转换为字典，然后以键值对的形式输出，代码如下：

```
import sys
list=sys.get_asyncgen_hooks()          # 使用列表存储asyncgen_hooks对象
# 转换为字典
d=eval('{'+'\'firstiter\':{0},\'finalizer\':{1}'.format(list[0],list[1])+'}')
for key,value in d.items():            # 遍历字典
    print(key,":",value)               # 输出键值
```

程序运行结果如下：

```
firstiter : None
finalizer : None
```

第11章　程序异常相关

11.1 exc_info() 方法——捕获正在处理的异常信息

快用标签 exc_info()　try　except　pymysql　connect()　open()　system()

最常用 sys.exc_info()

关键代码段

```
print(sys.exc_info())                              # 捕获并输出异常相关信息【快1】
db = pymysql.connect("localhost", "root", "root", "db")  # 连接数据库【快2】
file=open('test.txt','r')                          # 打开test.txt文本文件【快3】
types, value, back = sys.exc_info()  # 使用3个变量存储异常类、异常名称及回溯对象【快4】
if types==FileNotFoundError:                       # 判断异常类名称
file=open('test.txt','w')                          # 创建文件
os.system('pip install jieba')                     # 安装jieba【快5】
```

➔ 语法

返回 3 个值的元组，这些值提供有关当前正在处理的异常的信息，返回的信息仅针对当前线程和当前堆栈帧。如果当前堆栈帧未处理异常，则从调用堆栈帧或其调用者获取信息，依此类推，直到找到正在处理异常的堆栈帧。这里，“处理异常”被定义为“执行 except 子句”，对于任何堆栈帧，只能访问有关当前处理的异常的信息。语法如下：

```
sys.exc_info()
```

➔ 应用

快学快用 1　捕获并输出除数为 0 的异常信息

使用 try...except 语句捕获除数为 0 的异常，并使用 sys.exc_info() 输出异常相关类、实例及回溯对象。代码如下：

```
import sys
try:
  print(1 / 0)
```

```
except:
    print(sys.exc_info())                                  # 捕获并输出异常相关信息
```

程序运行结果如下：

```
(<class 'ZeroDivisionError'>, ZeroDivisionError('division by zero'), <traceback object at 0x0000013335407C48>)
```

快学快用 2　捕获数据库连接错误

使用 try...except 语句捕获数据库连接的异常信息，并使用 sys.exc_info() 方法输出异常相关类、实例及回溯对象。代码如下：

```
import sys
import pymysql
try:
    db = pymysql.connect("localhost", "root", "root", "db")  # 连接数据库
except:
    print(sys.exc_info())                                  # 捕获并输出异常相关信息
```

程序运行结果如下：

```
(<class 'pymysql.err.InternalError'>, InternalError(1049, "Unknown database 'db'"), <traceback object at 0x000001B522FEDB40>)
```

上面的异常信息为数据库 db 不存在。

如果想要捕获并输出服务器名不正确的异常信息，代码修改如下：

```
import sys
import pymysql
try:
    db = pymysql.connect("192.168.1.20", "root", "root", "mrsoft") # 连接数据库
except:
    print(sys.exc_info())                                  # 捕获并输出异常相关信息
```

程序运行结果如下：

```
(<class 'pymysql.err.OperationalError'>, OperationalError(2003, "Can't connect to MySQL server on '192.168.1.20' (timed out)"), <traceback object at 0x000001DE0960C640>)
```

快学快用 3　捕获打开文件时文件不存在的异常信息

使用 try...except 语句捕获打开文件时文件不存在的异常，并使用 sys.exc_info() 方法输出异常相关类、实例及回溯对象。代码如下：

```
import sys
try:
    file=open('test.txt','r')                              # 打开test.txt文本文件
except:
    print(sys.exc_info())                                  # 捕获并输出异常相关信息
```

程序运行结果如下：

```
(<class 'FileNotFoundError'>, FileNotFoundError(2, 'No such file or directory'), <traceback object at 0x0000018E52165300>)
```

快学快用 4　根据异常类名称创建不存在的文件

使用 try...except 语句捕获打开文件时文件不存在的异常；然后分别使用 3 个变量存储异常类、异常名称及回溯对象；最后判断异常类的名称如果是 FileNotFoundError，则创建相应文件。代码如下：

```python
import sys
try:
    file=open('test.txt','r')                   # 打开test.txt文本文件
except:
    types, value, back = sys.exc_info()         # 使用3个变量存储异常类、异常名称及回溯对象
    if types==FileNotFoundError:                # 判断异常类名称
        file=open('test.txt','w')               # 创建文件
```

程序运行结果如图 11.1 所示：

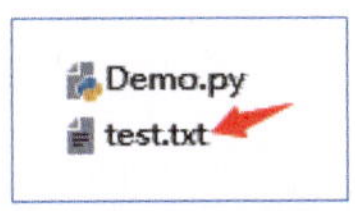

图 11.1　与 .py 文件同级目录下创建一个要打开的文件

快学快用 5　捕获模块未安装的异常信息

使用 import 语句导入未安装的模块时，如果本机没有安装就会出现异常信息，本示例使用 try…catch 语句获取导入模块时的异常信息，如果模块未安装，则使用 sys.exc() 方法获取异常信息，并使用 os.system() 方法执行相应模块的安装命令。代码如下：

```python
import os
import sys
try:
    import jieba                                # 导入jieba分词模块
except:
    print(sys.exc_info())                       # 捕获并输出异常相关信息
    os.system('pip install jieba')              # 安装jieba
```

程序运行结果如下：

```
(<class 'ModuleNotFoundError'>, ModuleNotFoundError("No module named 'jieba'"), <traceback object at 0x0000018989090D40>)
Defaulting to user installation because normal site-packages is not writeable
Collecting jieba
  Downloading jieba-0.42.1.tar.gz (19.2 MB)
……
```

11.2 getfilesystemencodeerrors()方法——文件名转换时错误模式

最常用 sys.getfilesystemencodeerrors()

关键代码段

```
print(sys.getfilesystemencodeerrors()) # 【快】
```

语法

返回在 Unicode 文件名和字节文件名之间进行转换时产生的错误模式名称。语法如下：

```
sys.getfilesystemencodeerrors()
```

应用

快学快用 获取默认的文件名转换错误模式名称

使用 sys.getfilesystemencodeerrors() 方法获取本地 Unicode 文件名和字节文件名之间转换时产生的错误模式名称，并使用 print() 函数输出，代码如下：

```
import sys
print(sys.getfilesystemencodeerrors())
```

程序运行结果如下：

```
surrogatepass
```

说明： 上述运行结果中的 surrogatepass 表示允许编码和解码代理代码，这些编解码器通常会将出现的代理代码视为错误。

11.3 excepthook() 方法——发生未捕获异常时调用

快用标签 excepthook()　exc_info()　open()

最常用 excepthook(type,value,traceback)，其中，type 表示异常类；alue 表示具体的异常内容；traceback 表示回溯的对象。

关键代码段

```
types, value, back = sys.exc_info()          # 捕获异常【快1】
sys.excepthook(types, value, back)           # 打印异常【快1】
file=open('test.txt','r')                    # 打开test.txt文本文件【快2】
```

语法

发生未捕获的异常时调用该方法，其默认行为是输出该异常并回溯到标准错误。但是，可以通过为其分配另一个 3 参数函数来自定义这种顶级异常的 sys.excepthook() 方法处理。语法如下：

```
excepthook(type,value,traceback)
```

参数说明：

- type：表示异常类。
- value：表示异常内容。
- traceback：表示回溯对象。

应用

快学快用 1　捕获并输出除数为 0 的异常

使用 sys.exc_info() 方法捕获除数为 0 的异常信息，然后使用 sys.excepthook() 方法输出异常信息。代码如下：

```
import sys
try:
    result = 1 / 0
except:
    types, value, back = sys.exc_info()   # 捕获异常
    sys.excepthook(types, value, back)    # 打印异常
```

程序运行结果如下：

```
Traceback (most recent call last):
  File "J:/PythonDevelop/Demo.py", line 21, in <module>
    result = 1 / 0
ZeroDivisionError: division by zero
```

快学快用 2　捕获并打输出文件不存在时的异常

使用 try...except 语句捕获打开文件时文件不存在的异常信息，然后使用 sys.excepthook() 方法输出异常信息。代码如下：

```
import sys
try:
```

```
    file=open('test.txt','r')                # 打开test.txt文本文件
except:
    types, value, back = sys.exc_info()  # 捕获异常
    sys.excepthook(types, value, back)   # 打印异常
```

程序运行结果如下：

```
Traceback (most recent call last):
  File "J:/PythonDevelop/Demo.py", line 11, in <module>
    file=open('test.txt','r') # 打开test.txt文本文件
FileNotFoundError: [Errno 2] No such file or directory: 'test.txt'
```

11.4 tracebacklimit 属性——未处理异常的最大回溯级别

快用标签 tracebacklimit　open()　exc_info()　excepthook()

最常用 sys.tracebacklimit=value，value 表示要设置的发生未处理异常时的最大回溯级别。

关键代码段

```
sys.tracebacklimit=100                      # 设置最大递归（回溯）层级为100级【快1】
print(sys.tracebacklimit)                   # 输出递归（回溯）层级【快1】
file=open('test.txt','r')                   # 打开test.txt文本文件【快2】
types, value, back = sys.exc_info()         # 捕获异常【快2】
sys.excepthook(types, value, back)          # 打印异常
```

语法

当此属性设置为整数值时，它确定发生未处理的异常时，输出的最大回溯信息级别数，默认为 1000；当此属性设置为 0 或更小时，将禁止所有回溯信息，并仅输出异常类型和设置的值。

语法如下：

```
sys.tracebacklimit[=value]
```

其中，value 表示设置的值。

应用

快学快用 1　手动设置发生未处理异常时输出的最大回溯信息级别数

设置发生未处理异常时，输出的最大回溯信息级别数为 100。代码如下：

```
import sys
sys.tracebacklimit=100                   # 设置最大递归（回溯）层级为100级
print(sys.tracebacklimit)                # 输出递归（回溯）层级
```

程序运行结果如下：

```
100
```

快学快用 2 根据不同的最大回溯级别数显示不同的异常信息

设置发生异常时的最大回溯级别为 0，使用 try...except 语句捕获打开文件时文件不存在的异常信息。代码如下：

```
import sys
sys.tracebacklimit=0                             # 设置最大递归（回溯）层级为0级
try:
    file=open('test.txt','r')                    # 打开test.txt文本文件
except:
    types, value, back = sys.exc_info()          # 捕获异常
    sys.excepthook(types, value, back)           # 打印异常
```

程序运行结果如下：

```
FileNotFoundError: [Errno 2] No such file or directory: 'test.txt'
```

上面代码中只输出了异常名称及具体的异常信息，并没有指出具体出现错误的代码信息。如果将发生异常时的最大回溯级别设置为 1，代码如下：

```
import sys
sys.tracebacklimit=1                             # 设置最大递归（回溯）层级为1级
try:
    file=open('test.txt','r')                    # 打开test.txt文本文件
except:
    types, value, back = sys.exc_info()          # 捕获异常
    sys.excepthook(types, value, back)           # 打印异常
```

程序运行结果如下：

```
Traceback (most recent call last):
  File "J:/PythonDevelop/Demo.py", line 12, in <module>
    file=open('test.txt','r') # 打开test.txt文本文件
FileNotFoundError: [Errno 2] No such file or directory: 'test.txt'
```

说明： 对比上面两段代码的运行结果，由于使用“sys.tracebacklimit=1”将发生未处理异常时的回溯级别设置成了 1，所以，在运行结果中显示出了具体出现异常信息的代码。

11.5 warnoptions 属性——警告框架的实现细节

快用标签 warnoptions python -W

最常用 sys.warnoptions

关键代码段

```
sys.warnoptions                                  # 输出警告内容【快1】
python -W warning                                # 使用指定的警告选项启动python解释器【快1】
python -W warning1,warning2,warning3             # 使用指定的多个警告选项启动python解释器【快2】
```

➔ 语法

使用命令行选项 -W 时提供给解释器的警告选项列表，语法如下：

```
sys.warnoptions
```

说明：默认的警告选择列表为空，即 [ ]。

➔ 应用

快学快用 1 设置并获取一个警告选项

以交互方式启动 Python 解释器，启动时使用 -W 指定一个警告选项，命令如下：

```
python -W warning
>>> import sys
>>> sys.warnoptions
```

程序运行结果如下：

```
['warning']
```

快学快用 2 设置并获取多个警告选项

以交互方式启动 Python 解释器，启动时使用 -W 指定多个警告选项，命令如下：

```
python -W warning1,warning2,warning3
>>> import sys
>>> sys.warnoptions
```

程序运行结果如下：

```
['warning1,warning2,warning3']
```

第12章　其他sys模块属性及方法

12.1 modules 属性——映射模块名称到已加载模块字典

快用标签　modules　items()　keys()

最常用　sys.modules.items() 获取所有模块字典。

关键代码段

```
for k, v in sys.modules.items():        # 遍历所有模块字典【快1】
print(sys.modules["os"])                # 获取os模块的来源【快2】
for i in sys.modules.keys():            # 遍历模块列表【快3】
```

语法

一个将模块名称映射到已加载模块的字典。语法如下：

```
sys.modules
```

返回值为一个字典。

应用

快学快用 1　获取所有模块及其模块文件

使用 sys.modules 属性获取本机所有已安装的模块及所在模块文件，代码如下：

```
import sys
for k, v in sys.modules.items():  # 遍历所有模块字典
    print(k,':', v)               # 输出模块及所在模块文件
```

程序运行结果如下：

```
sys : <module 'sys' (built-in)>
builtins : <module 'builtins' (built-in)>
```

```
_frozen_importlib : <module 'importlib._bootstrap' (frozen)>
_imp : <module '_imp' (built-in)>
_thread : <module '_thread' (built-in)>
_warnings : <module '_warnings' (built-in)>
_weakref : <module '_weakref' (built-in)>
zipimport : <module 'zipimport' (built-in)>
_frozen_importlib_external : <module 'importlib._bootstrap_external' (frozen)>
_io : <module 'io' (built-in)>
marshal : <module 'marshal' (built-in)>
nt : <module 'nt' (built-in)>
……
```

说明：上面代码中的“(built-in)”表示该模块为内置模块。

快学快用 2　获取 os 模块的来源

使用 sys.modules 属性获取 os 模块的来源，代码如下：

```
import sys
print(sys.modules["os"])        # 获取os模块的来源
```

程序运行结果如下：

```
<module 'os' from 'D:\\Python\\Python37\\Lib\\os.py'>
```

快学快用 3　获取所有导入的模块列表

使用 sys.modules 对象的 keys() 方法可以获取到所有导入的模块列表，代码如下：

```
import sys
print('模块列表：')
for i in sys.modules.keys():        # 遍历模块列表
    print(' '+i)                    # 输出模块
```

程序运行结果如下：

```
模块列表：
 sys
 builtins
 _frozen_importlib
 _imp
 _thread
 _warnings
 _weakref
 zipimport
 _frozen_importlib_external
 _io
……
```

12.2 int_info 属性——Python 内部整数表示的信息

快用标签　int_info

最常用　bits,size=sys.int_info

关键代码段

```
print(sys.int_info)                # 输出整数类型信息【快1】
bits,size=sys.int_info             # 使用两个变量存储位数所占的位数和字节大小【快2】
```

语法

一个结构序列，包含有关 Python 内部整数相关的信息。该属性是只读的，它所获取到的 int 相关属性如下：

- bits_per_digit：每个数字中保持的位数。
- sizeof_digit：用于表示数字的 C 语言类型的字节大小。

应用

快学快用 1　获取整数类型信息

获取并输出 Python 中整数类型的相关信息，代码如下：

```
import sys
print(sys.int_info)
```

程序运行结果如下：

```
sys.int_info(bits_per_digit=30, sizeof_digit=4)
```

快学快用 2　分别获取整数类型所占的位数和字节大小

获取并输出 Python 中整数类型所占的位数及字节大小，代码如下：

```
import sys
bits,size=sys.int_info  # 使用两个变量存储位数所占的位数和字节大小
print('数字所占的位数：%d'%bits)
print('数字类型的字节大小：%d'%size)
```

程序运行结果如下：

```
数字所占的位数：30
数字类型的字节大小：4
```

12.3 maxsize 属性——最大整数值

快用标签　maxsize

最常用　sys.maxsize

关键代码段

```
print(sys.maxsize) # 【快】
```

语法

Python 中理论上支持的最大整数值，该数值与系统有关。如果是 32 位系统，最大整数值为 $2^{31}-1$；如果是 64 位系统，最大整数值为 $2^{63}-1$。语法如下：

```
sys.maxsize
```

应用

快学快用　输出当前系统中 Python 支持的最大整数值

输出当前系统中 Python 支持的最大整数值，代码如下：

```
import sys
print(sys.maxsize)
```

程序运行结果如下：

```
9223372036854775807
```

说明：虽然使用 sys.maxsize 属性获取到的 Python 中的最大整数值理论上是 9223372036854775807，但实际上，Python 中支持的最大整数值是无限大的，比如下面的整数也可以正常输出：

```
9223372036854775807922337203685477580792233720368547758079223372036854775807922337203685477
58079223372036854775807922337203685477580792233720368547758079223372036854775807
```

12.4 float_info 属性——包含浮点类型的信息

快用标签 float_info　max　rounds

最常用 sys.float_info

关键代码段

```
print(sys.float_info)       # 获取浮点类型信息【快1】
print(sys.float_info.max)   # 获取浮点数的最大值【快2】
```

➔ 语法

包含有关浮点类型信息的结构序列，它包含有关精度和内部表示的低级信息，这些值对应于 C 语言的 float.h 标准头文件中定义的各种浮点常量。语法如下：

```
sys.float_info
```

浮点类型属性及说明如表 12.1 所示。

表 12.1 浮点类型属性及说明

属　性	说　明
float_info.epsilon	1.0 与下一个最大浮点数之差
float_info.dig	四舍五入之后无需修改就可以表示的十进制位数
float_info.mant_dig	使用 float_info.radix 中指定的基数所能够表示的位数
float_info.max	最大浮点数
float_info.max_exp	在 float_info.radix 中指定基数的最大指数
float_info.max_10_exp	基数为 10 的最大指数
float_info.min	最小正浮点值
float_info.min_exp	在 float_info.radix 中指定基数的最小指数
float_info.min_10_exp	基数为 10 的最小指数
float_info.radix	指数所用的基数
float_info.rounds	四舍五入的方式（-1 表示未定，0 表示朝向 0，1 表示最近，2 表示正无限，3 表示负无限）

应用

快学快用 1　获取并输出浮点类型信息

获取并输出 Python 中浮点类型的相关信息，代码如下：

```
import sys
print(sys.float_info)
```

程序运行结果如下：

```
sys.float_info(max=1.7976931348623157e+308, max_exp=1024, max_10_exp=308,
min=2.2250738585072014e-308, min_exp=-1021, min_10_exp=-307, dig=15, mant_dig=53,
epsilon=2.220446049250313e-16, radix=2, rounds=1)
```

快学快用 2　获取最大浮点数

通过使用 float_info 对象中的 max 属性显示最大浮点数，代码如下：

```
import sys
print(sys.float_info.max)
```

程序运行结果如下：

```
1.7976931348623157e+308
```

12.5　float_repr_style 属性——表示 repr() 函数输出的浮点数

快用标签　float_repr_style　repr()

最常用　sys.float_repr_style

关键代码段

```
print(sys.float_repr_style)            #【快】
print(repr(3.1415926542354543324))     #【快】
```

语法

一个字符串，表示 repr() 函数输出的浮点数类型。如果返回值为“short”，那么对于有限浮点数 x，repr(x) 旨在生成具有该属性的短字符串。例如，float(repr(x)) == x。语法如下：

```
sys.float_repr_style
```

说明： float_repr_style 属性是 Python 3.1 版本中新增的，因此只能在 Python 3.1 及以上版本使用。

➔ 应用

快学快用　获取 repr() 函数输出的浮点数

使用 float_repr_style 属性获取 repr() 函数输出的浮点数，代码如下：

```
import sys
print(sys.float_repr_style)
```

程序运行结果如下：

```
short
```

说明： 返回值为 short，说明本机输出浮点数时，默认精度为 16。例如，在使用下面代码输出浮点数时：

```
print(repr(3.1415926542354543324))
```

输出结果为：

```
3.1415926542354544
```

12.6 intern() 方法——获取字符串或副本

最常用　sys.intern(string)，string 表示字符串

关键代码段

```
print(sys.intern('hello')) # 获取字符串副本【快】
```

➔ 语法

返回字符串本身或副本，该方法的主要作用在于性能优化，它会维护一个内部字符串表，这个内部字符串表的意义在于：当你试图实现一个字符串时，函数会优先在表中查找它，如果字符串存在，则直接返回；如果不存在，intern() 方法会将其保存并从中返回。语法如下：

```
sys.intern(string)
```

参数 string 表示字符串。

说明： intern（驻留）机制的优点是：在创建新的字符串对象时，会先在缓存池里面找是否已经存在与其值相同的对象（标识符，即只包含数字、字母、下划线的字符）。如果有，则直接拿过来用（引用），避免频繁的创建和销毁内存，提升效率；缺点是在拼接字符串或者在改动字符串时，会极大的影响性

能，原因是字符串在 Python 当中是不可变对象，所以对字符串的改动需要新开辟内存地址、新建对象，这也是为什么拼接字符串的时候不建议用“+”，而建议用 join() 方法先计算出全部字符串的长度，然后再一一拷贝，这样仅需创建一次对象。

➔ 应用

快学快用　使用 intern() 方法获取字符串

使用 intern() 方法获取字符串，代码如下：

```
import sys
print(sys.intern('hello'))
```

程序运行结果如下：

```
hello
```

12.7 displayhook() 方法——打印表达式结果

快用标签　displayhook(value)　repr()　encode()　decode()　write()

最常用　sys.displayhook(value)，value 表示要打印的值。

关键代码段

```
sys.displayhook(2)                   # 传入整数值【快】
sys.displayhook('Test')              # 传入字符串【快】
sys.displayhook(True)                # 传入bool值【快】
sys.displayhook(['python','c'])      # 传入列表【快】
sys.displayhook(('python','c'))      # 传入元组【快】
```

➔ 语法

如果值不为 None，这个方法输出 repr(value) 到 sys.stdout 标准输出流，并将值保存到标准输出流 buffer 中；如果 repr(value) 无法编码为 sys.stdout.encoding，则使用 sys.stdout.errors 错误处理程序；如果可以编码为 sys.stdout.encoding，则使用 backslashreplace 错误处理程序。语法如下：

```
sys.displayhook(value)
```

其中，参数 value 表示要打印的值。

说明： Python 官方对于 displayhook() 方法的原始实现代码如下：

```python
def displayhook(value):
    if value is None:
        return
    # 将 "_" 设置为None，以防止递归
    builtins._ = None
    text = repr(value)
    try:
        sys.stdout.write(text)
    except UnicodeEncodeError:
        bytes = text.encode(sys.stdout.encoding, 'backslashreplace')
        if hasattr(sys.stdout, 'buffer'):
            sys.stdout.buffer.write(bytes)
        else:
            text = bytes.decode(sys.stdout.encoding, 'strict')
            sys.stdout.write(text)
    sys.stdout.write("\n")
    builtins._ = value
```

➔ 应用

快学快用　使用 displayhook() 方法输出参数

displayhook() 方法只有一个参数，但参数的类型可以任意，即可传入任意类型的值。代码如下：

```python
import sys
sys.displayhook(2)                 # 传入整数值
sys.displayhook('Test')            # 传入字符串
sys.displayhook(True)              # 传入bool值
sys.displayhook(['python','c']) # 传入列表
sys.displayhook(('python','c')) # 传入元组
```

程序运行结果如下：

```
2
'Test'
True
['python', 'c']
('python', 'c')
```

说明： 上面代码中并没有使用 print() 函数输出，但还是可以正常的输出 displayhook() 方法中传入的参数值，这说明 displayhook() 方法的实现效果就是将参数标准输出。但需要注意的是，使用 sys.displayhook() 方法输出参数时，如果有有转义字符等内容，它会直接将其识别为字符串，而不会进行转义。例如，下面代码：

```python
import sys
sys.displayhook('用户密码：\n')
sys.displayhook('商品名称\t')
```

程序运行结果如下：

```
'用户密码：\n'
'商品名称\t'
```

12.8 _clear_type_cache() 方法——清除内部类型缓存

最常用 sys._clear_type_cache()

关键代码段

```
sys._clear_type_cache() #【快】
```

语法

清除内部类型缓存，类型缓存用于加速属性和方法查找。语法如下：

```
sys._clear_type_cache()
```

说明： 通常情况下，不必要清空缓存，但在一些特殊情况下，比如调试等，可以使用该方法删除不必要的引用。

应用

快学快用 调用 sys._clear_type_cache() 方法清除内部类型缓存

调用 sys._clear_type_cache() 方法清除内部类型缓存，代码如下：

```
import sys
sys._clear_type_cache()
```

说明： _clear_type_cache() 方法是一个性能优化方法，因此执行时没有运行结果。

12.9 getprofile() 方法——获取探查器函数

快用标签 getprofile()　frame　f_back　setprofile()

最常用 sys.getprofile()

关键代码段

```
def Test(frame,event,arg): # 定义一个函数，用来作为探查器函数，必须定义3个参数【快】
    caller=frame.f_back                       # 获取当前堆栈
print('默认探查器函数：', sys.getprofile())    # 获取默认探查器函数【快】
sys.setprofile(Test)                          # 设置探查器函数【快】
```

➔ 语法

获取由 setprofile() 方法设置的探查器函数，语法如下：

```
sys.getprofile()
```

➔ 应用

快学快用　探查器函数设置前后的对比

首先获取默认的探查器函数，然后使用 sys.setprofile() 函数设置一个自定义的探查器函数，最后使用 sys.getprofile() 获取设置之后的探查器函数。代码如下：

```
import sys
# 定义一个函数，用来作为探查器函数，必须定义3个参数
def Test(frame,event,arg):
    caller=frame.f_back                       # 获取当前堆栈
    print('call',caller)                      # 返回调用的堆栈信息
def testA():                                  # 测试输出
    print('testA')
def testB():                                  # 测试输出
    print('testB')
    testA()                                   # 调用testA()
print('默认探查器函数：', sys.getprofile()) # 获取默认探查器函数
sys.setprofile(Test)                          # 设置探查器函数
testB()                                       # 调用testB()
print('设置的探查器函数：',sys.getprofile())# 获取设置的探查器函数
```

程序运行结果如下：

```
默认探查器函数：  None
call <frame at 0x00000226F0F9E9F8, file 'J:/PythonDemo/Demo.py', line 33, code <module>>
call <frame at 0x00000226F0F9E9F8, file 'J:/PythonDemo/Demo.py', line 33, code <module>>
testB
call <frame at 0x00000226F0F9E9F8, file 'J:/PythonDemo/Demo.py', line 33, code <module>>
call <frame at 0x00000226EF3429A8, file 'J:/PythonDemo/Demo.py', line 30, code testB>
call <frame at 0x00000226EF3429A8, file 'J:/PythonDemo/sysDemo.py', line 30, code testB>
```

```
testA
call <frame at 0x00000226EF3429A8, file 'J:/PythonDemo/Demo.py', line 30, code testB>
call <frame at 0x00000226EF3429A8, file 'J:/PythonDemo/Demo.py', line 30, code testB>
call <frame at 0x00000226F0F9E9F8, file 'J:/PythonDemo/Demo.py', line 33, code <module>>
call None
call None
call None
设置的探查器函数： <function Test at 0x00000226F0FDD2F0>
……
```

12.10 setprofile() 方法——设置函数以允许分析 Python 源码

快用标签 setprofile() frame f_back

最常用 sys.setprofile(profilefunc)，profilefunc 表示要设置的系统配置文件函数名称，该函数要求有 frame、event 和 arg 这 3 个参数。

关键代码段

```
def Test(frame,event,arg):    # 定义一个函数，用来作为探查器函数，必须定义3个参数【快】
    caller=frame.f_back       # 获取当前堆栈
sys.setprofile(Test)          # 设置探查器函数【快】
```

➔ 语法

设置系统的配置文件函数，允许您在 Python 中实现 Python 源代码分析器。系统配置文件函数的调用类似于系统的跟踪函数（请参考 7.4 节中的 settrace() 方法），但它是使用不同的事件调用的。例如，不会为每个执行的代码行调用它，而是仅在调用和返回时调用它，但会报告返回事件。

setprofile() 方法是特定于线程的，但是探查器无法知道线程之间的上下文切换，因此存在多个线程时，使用它是没有意义的。另外，它的返回值没有使用，所以它可以简单地返回 None。语法如下：

```
setprofile(profilefunc)
```

参数说明：

❖ profilefunc 表示要设置的系统配置文件函数名称。系统配置文件函数应该有 3 个参数：frame、event 和 arg，它们的含义如下：

- frame：当前的堆栈帧。
- event：一个字符串，可以是“call”“return”“c_call”“c_return”或“c_exception”，它们的

意义如下：

- call：一个函数（或输入的代码块）被调用，配置文件函数将访问它，arg 是 None。
- return：返回一个函数（或代码块），配置文件函数将访问它，arg 是要返回的值，或者 None（如果事件引发异常）。
- c_call：一个C函数将被调用，这个函数可以是扩展函数或内置函数，arg 是C函数对象。
- c_return：返回一个C函数，arg 是C函数对象。
- c_exception：一个C函数引发的异常，arg 是C函数对象。

■ arg：取决于事件类型。

➔ 应用

快学快用 设置自定义探查器分析代码

使用 sys.setprofile() 函数设置一个自定义的探查器函数，以便在程序执行过程中，对代码进行分析。代码如下：

```
import sys
# 定义一个函数，用来作为探查器函数，必须定义3个参数
def Test(frame,event,arg):
    caller=frame.f_back          # 获取当前堆栈
    print('call',caller)         # 返回调用的堆栈信息
def testA():                     # 测试输出
    print('testA')
def testB():                     # 测试输出
    print('testB')
    testA()                      # 调用testA()
sys.setprofile(Test)             # 设置探查器函数
testB()                          # 调用testB()
```

程序运行结果如下：

```
call <frame at 0x00000137A54EE9F8, file 'J:/PythonDemo/Demo.py', line 32, code <module>>
call <frame at 0x00000137A54EE9F8, file 'J:/PythonDemo/Demo.py', line 32, code <module>>
testB
call <frame at 0x00000137A54EE9F8, file 'J:/PythonDemo/Demo.py', line 32, code <module>>
call <frame at 0x00000137A3802F18, file 'J:/PythonDemo/Demo.py', line 30, code testB>
call <frame at 0x00000137A3802F18, file 'J:/PythonDemo/Demo.py', line 30, code testB>
testA
call <frame at 0x00000137A3802F18, file 'J:/PythonDemo/Demo.py', line 30, code testB>
call <frame at 0x00000137A3802F18, file 'J:/PythonDemo/Demo.py', line 30, code testB>
call <frame at 0x00000137A54EE9F8, file 'J:/PythonDemo/Demo.py', line 32, code <module>>
call None
……
```

12.11 breakpointhook() 方法——breakpoint() 的钩子函数

快用标签 breakpointhook() getenv() getattr() warnings warn()

最常用 sys.breakpointhook()

关键代码段

```
print(sys.breakpointhook()) # 【快】
```

➔ 语法

这个钩子函数由内置函数 breakpoint() 调用。默认情况下，它会进入 pdb 调试器中，但可以将其设置为任何其他函数，以便可以选择使用哪个调试器。语法如下：

```
sys.breakpointhook(*args, **kws)
```

sys.breakpointhook() 方法作为 breakpoint() 函数的钩子函数，是真正实现具体功能的地方。它会访问环境变量 PYTHONBREAKPOINT，从而确定 hook 的引用对象，也就是说，PYTHONBREAKPOINT 的状态对执行结果有决定性的作用。具体而言，PYTHONBREAKPOINT 存在如下几种状态：

- 完全不设置该环境变量：此时，hook 会引用 pdb.set_trace，所以最终会进入 pdb 调试器（提示：由于 pdb.set_trace(*,header=None) 只接受关键字参数 header，因此不要向 breakpoint() 函数传递任何其他参数）。
- PYTHONBREAKPOINT= ：此时，环境变量的值为空字符串，这与完全不设置该环境变量的效果相同。
- PYTHONBREAKPOINT=0 ：此时，breakpointhook() 方法会立即返回 None，从而禁用调试。
- PYTHONBREAKPOINT=some.importable.callable ： 此时，breakpointhook() 方法将导入 some.importable 模块，然后通过 hook 引用模块中的 callable 对象
- PYTHONBREAKPOINT=callable ：此时，callable 表示一个内置可调用对象，如 PYTHONBREAKPOINT=print。

每次调用 sys.breakpointhook() 方法时，都会访问 PYTHONBREAKPOINT 变量。如果在程序执行期间改变了 PYTHONBREAKPOINT 的值，sys.breakpointhook() 方法便会读取变化后的值。例如：

```
os.environ['PYTHONBREAKPOINT'] = 'foo.bar.baz'
breakpoint()      # 导入 foo.bar 并且调用foo.bar.baz()
```

注意： 如果使用 -E 命令行选项启动 Python 解释器，会忽略所有 PYTHON* 环境变量（包括 PYTHONBREAKPOINT），这意味着 breakpoint() 方法会遵守默认行为，即中断当前程序并进入 pdb 调试器。

说明： breakpointhook() 方法是 Python 3.7 版本中新增的功能。

➔ 应用

快学快用　breakpointhook() 方法的原始实现

Python 官方对于 breakpointhook() 方法的原始实现代码如下：

```
def breakpointhook(*args, **kws):
    import importlib, os, warnings
    hookname = os.getenv('PYTHONBREAKPOINT')
    if hookname is None or len(hookname) == 0:
        hookname = 'pdb.set_trace'
    elif hookname == '0':
        return None
    modname, dot, funcname = hookname.rpartition('.')
    if dot == '':
        modname = 'builtins'
    try:
        # 模块导入失败或funcname不可调用都会引发RuntimeWarning
        module = importlib.import_module(modname)
        hook = getattr(module, funcname)
    except:
        # 如果抛出异常，则不会执行hook(*args, **kws)
        warnings.warn(
            'Ignoring unimportable $PYTHONBREAKPOINT: {}'.format(
                hookname),RuntimeWarning)
    # 如果实参与函数签名中的参数不匹配，则会抛出TypeError异常
    return hook(*args, **kws)
__breakpointhook__ = breakpointhook
import sys
print(sys.breakpointhook())
```

程序运行结果如下：

```
None
--Return--
> j:\pythondemo\demo.py(41)<module>()->None
-> print(sys.breakpointhook())
(Pdb)
```

说明： 上面运行结果表示进入 pdb 调试器。

12.12 _xoptions 属性——获取 -X 命令行选项的字典

快用标签 _xoptions　　python -X

最常用 sys._xoptions

关键代码段

```
sys._xoptions                                   #【快1】
python -X test                                  #【快1】
python -X x=1 -X y=1                            #【快2】
python -X C:\Windows\System32\mspaint.exe       #【快3】
```

语法

通过 -X 命令行选项传递的各种特定于实现的标志的字典，如果明确制定了选项的值，则选项名称可以映射到指定的值；否则映射到 True。语法如下：

```
sys._xoptions
```

应用

快学快用 1　以 -X 选项启动 Python 解释器，并获取指定选项的默认值

以交互方式启动 Python 解释器，启动时使用 -X 设置一个命令行选项，名称为 test，然后使用 sys._xoptions 属性输出命令行选项 test 及其对应的默认值。命令如下：

```
python -X test
>>> import sys
>>> sys._xoptions
```

程序运行结果如下：

```
{'test': True}
```

快学快用 2　以 -X 选项启动 Python 解释器，并传入 X\Y 坐标

以交互方式启动 Python 解释器，启动时使用 -X 分别指定 x 坐标和 y 坐标的值都为 1，然后使用 sys._xoptions 属性输出命令行选项参数列表，命令如下：

```
python -X x=1 -X y=1
>>> import sys
>>> sys._xoptions
```

程序运行结果如下：

```
{'x': '1', 'y': '1'}
```

快学快用 3　查看指定程序是否存在

以交互方式启动 Python 解释器，启动时使用 -X 指定系统画图程序的路径，然后使用 sys._xoptions 属性输出命令行选项参数列表，效果如图 12.1 所示。

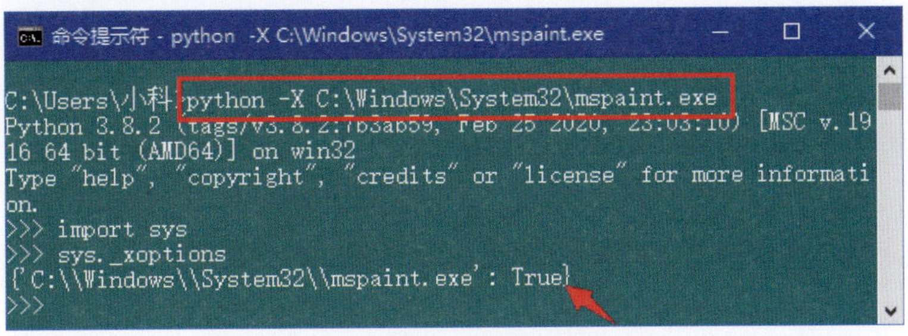

图 12.1　判断系统画图程序是否存在

12.13　_getframe() 方法——返回一个框架对象

最常用　sys._getframe([depth])，depth 可以省略，表示获取调用堆栈顶部框架。

关键代码段

```
print(sys._getframe(0)) # 与print(sys._getframe())等效【快】
```

语法

从调用堆栈返回一个框架对象，语法如下：

```
sys._getframe([depth])
```

depth 为可选参数，如果省略 depth 或 depth 为 0，返回顶层帧；否则，返回堆栈顶部下方多次调用的框架对象，如果它比调用堆栈更深，则引发 ValueError 异常。depth 的默认值为零，表示返回调用堆栈顶部的框架。

说明：_getframe([depth]) 方法仅用于内部和专用目的，并不保证在 Python 的所有实现中都存在。

➔ 应用

快学快用　返回调用堆栈顶部的框架

为 sys._getframe() 方法传入参数 0，以获取调用堆栈顶部的框架对象。代码如下：

```
import sys
print(sys._getframe(0))
```

程序运行结果如下：

```
<frame at 0x000001DCF9F4E9F8, file 'J:/PythonDemo/Demo.py', line 20, code <module>>
```

12.14 __excepthook__ 属性——excepthook() 函数的初始值

快用标签　__excepthook__　tb_frame　f_code　co_filename　co_name　traceback　tb_next

最常用　sys.__excepthook__

关键代码段

```
print(sys.__excepthook__)                                # 【快1】
def myExcepthook(types, value, traceback):               # 自定义异常【快2】
tracebackCode = traceback.tb_frame.f_code                # 获取异常详细信息【快2】
print("文件名：{}".format(tracebackCode.co_filename))     # 输出文件名
print("函数或者模块名：{}".format(tracebackCode.co_name))  # 输出函数或模块名
sys.excepthook = myExcepthook                            # 指定自定义异常【快2】
sys.excepthook=sys.__excepthook__                        # 重置异常【快2】
```

➔ 语法

程序启动时，表示 excepthook() 函数的初始值，在 excepthook() 函数发生重写时，可以使用 __excepthook__ 属性对其进行重置。语法如下：

```
sys.__excepthook__
```

➔ 应用

快学快用 1　获取 __excepthook__ 对象的类型

输出 __excepthook__ 对象的类型，代码如下：

```python
import sys
print(sys.__excepthook__)
```

程序运行结果如下：

```
<built-in function excepthook>
```

说明： 上面的运行结果说明 __excepthook__ 对象是一个内置函数，它是 excepthook() 函数的默认形式。

快学快用 2　重置异常

定义 3 个嵌套函数，其中，顶层的函数会发生异常，使用 sys.excepthook() 函数指定自定义异常；然后调用会发生异常的自定义的函数；最后通过为 sys.excepthook() 函数设置 __excepthook__ 对象来重置异常。代码如下：

```python
import sys
def div():                                                       # 定义除法函数，使除数为0
    return 1 / 0
def first():                                                     # 第一层堆栈信息
    div()
def second():                                                    # 第二层堆栈信息
    first()
def myExcepthook(types, value, traceback):                       # 自定义异常
    print("异常类型：{}".format(types))
    print("异常对象：{}".format(value))
    i = 1
    while traceback:
        print("第{}层堆栈信息".format(i))
        tracebackCode = traceback.tb_frame.f_code                # 获取异常详细信息
        print("文件名：{}".format(tracebackCode.co_filename))    # 输出文件名
        print("函数或者模块名：{}".format(tracebackCode.co_name)) # 输出函数或模块名
        traceback = traceback.tb_next
        i += 1
sys.excepthook = myExcepthook                                    # 指定自定义异常
second()                                                         # 调用会发生异常的函数
sys.excepthook=sys.__excepthook__                                # 重置异常
```

程序运行结果如下：

```
异常类型：<class 'ZeroDivisionError'>
异常对象：division by zero
第1层堆栈信息
文件名：J:/PythonDevelop/Demo.py
函数或者模块名：<module>
第2层堆栈信息
文件名：J:/PythonDevelop/Demo.py
函数或者模块名：second
```

```
第3层堆栈信息
文件名：J:/PythonDevelop/Demo.py
函数或者模块名：first
第4层堆栈信息
文件名：J:/PythonDevelop/Demo.py
函数或者模块名：div
```

12.15 __breakpointhook__ 属性——breakpointhook() 方法的初始值

最常用 sys.__breakpointhook__

关键代码段

```
print(sys.__breakpointhook__) #【快】
```

语法

程序启动时，表示 breakpointhook() 函数的初始值，在 breakpointhook() 函数发生重写时，可以使用 __breakpointhook__ 属性对其进行重置。语法如下：

```
sys.__breakpointhook__
```

说明：__breakpointhook__ 是 Python 3.7 版中新增的。

应用

快学快用 获取 __breakpointhook__ 属性的类型

输出 __breakpointhook__ 属性的类型，代码如下：

```
import sys
print(sys.__breakpointhook__)
```

程序运行结果如下：

```
<built-in function breakpointhook>
```

说明：上面的运行结果说明 __breakpointhook__ 属性是一个内置函数，它是 breakpointhook() 函数的默认形式。

让编程更简单

Make programming easier

和外星人一起学

明日科技

www.mingrisoft.com